※ポスターは、はさみで　きりとってから　ひろげましょう。

さがつく
英《えい》語《ご》ポスター

Alphabet《アルファベット》 アルファベット

音声《おんせい》アプリ「きくもん」

001
「きくもん」アプリを使《つか》うときに入力《にゅうりょく》するページ番号《ばんごう》です。

〔大文字《おおもじ》〕 〔小文字《こもじ》〕

A a

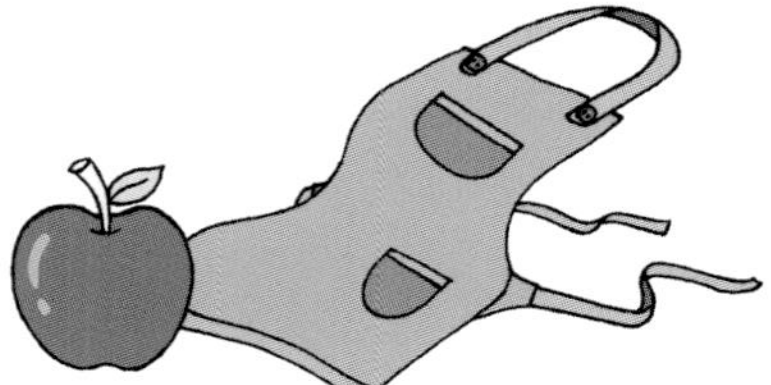

apple りんご　apron エプロン

B b

bear くま

C c

cat ねこ　city 都市《とし》

D

dog 犬

H h

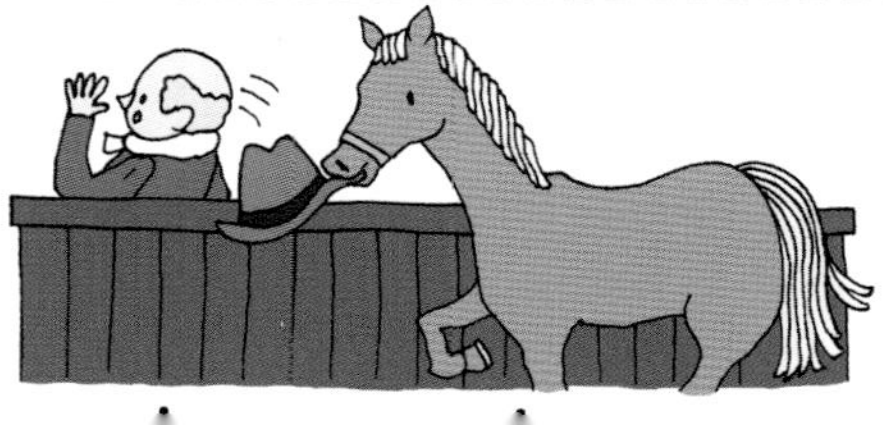

i

J j

K

くもん出版《しゅっぱん》のサイトから音声《おんせい》ファイルをダウンロードできます。

d

duck
あひる

E e

elephant
ぞう

e-mail
イーメール

F f

fish
魚《さかな》

frog
かえる

G g

giraffe
きりん

gift
おくりもの

k

L l

M m

N n

O o

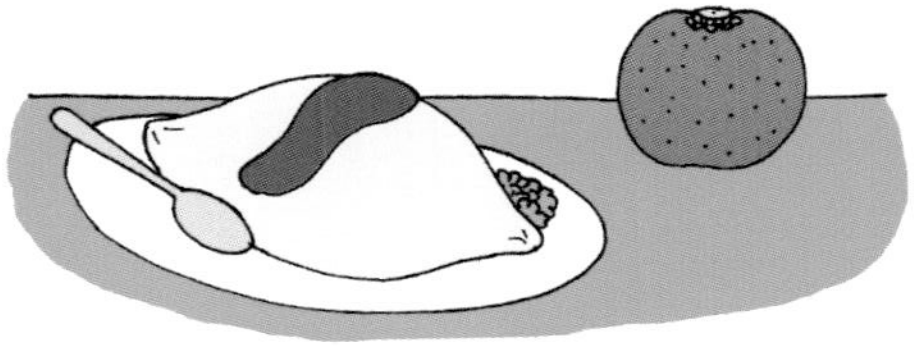

omelet
オムレツ

orange
オレンジ

P p

panda
パンダ

pencil
えんぴつ

Q q

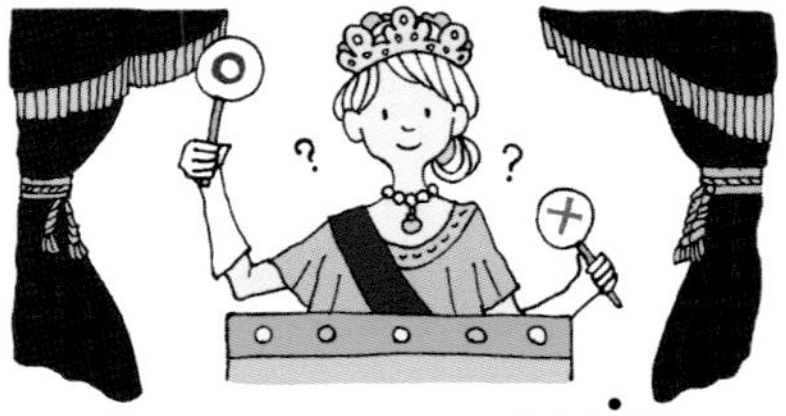

queen
女王

quiz
クイズ

R

rabbit
うさぎ

V v

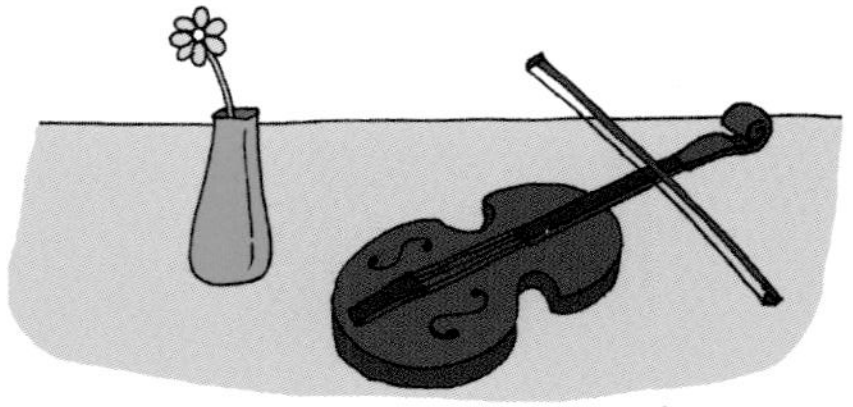

vase
花びん

violin
バイオリン

W w

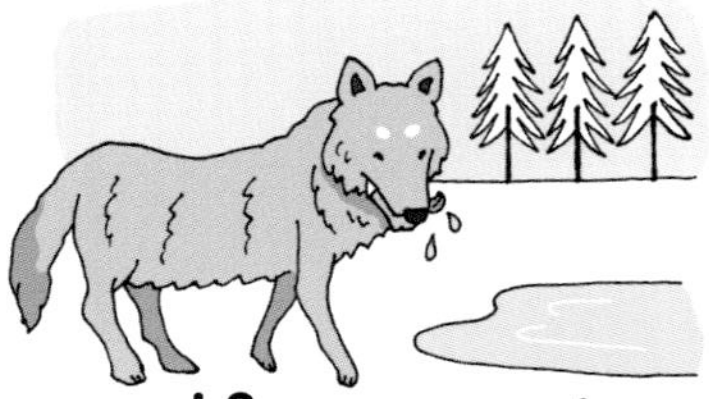

wolf
おおかみ

water
水

X x

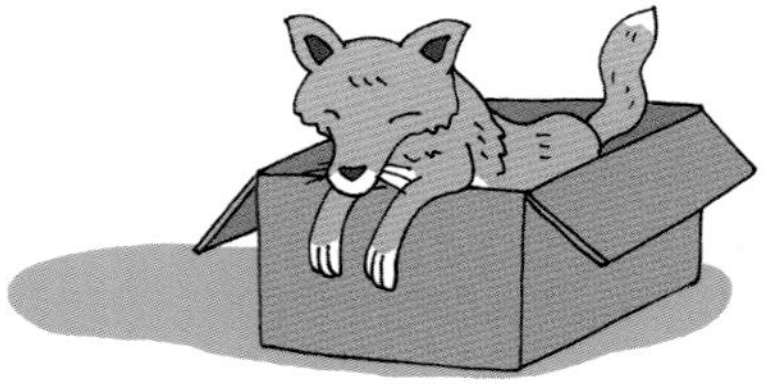

fox
きつね

box
はこ

Y

yacht
ヨット

監修　卯城祐司（筑波大学教授）、英文校閲　根本アリソン（宮城教育大学特任准教授）

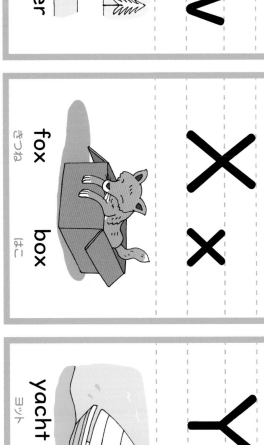

r

ring
ゆびわ

S s

sun
太《たい》よう

sea
海《うみ》

T t

tiger
とら

tea
こう茶《ちゃ》・茶《ちゃ》

U u

umbrella
かさ

uniform
せいふく

y

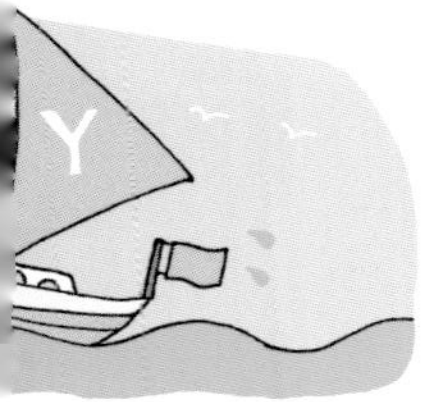

yellow
黄色《きいろ》

Z z

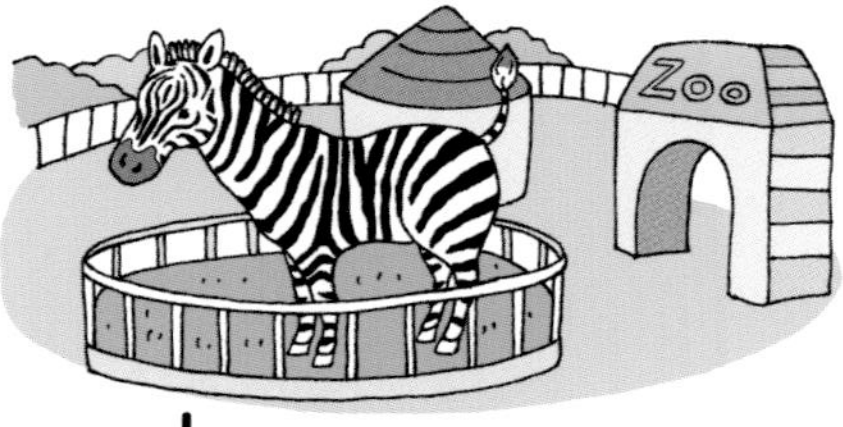

zebra
しまうま

zoo
どうぶつ園《えん》

A エイ [アプル] [エイプロン]
B ビー [ブック] [ベア]
C スィー [キャット] [スィティ]
D ディー [ドーグ] [ダック]
E イー [エレファント] [イーメイル]
F エフ [フィッシュ] [フローグ]
G ジー [ジラフ] [ギフト]
H エイチ [ハット] [ホース]
I アイ [インク] [アイス クリーム]
J ジェイ [ジャム] [ジュース]
K ケイ [キング] [コウアーラ]
L エル [レモン] [ライオン]
M エム [マンキィ] [ミルク]
N エヌ [ノウトブック] [ニューズペイパァ]
O オウ [オムレット] [オーレンジ]
P ピー [パンダ] [ペンスル]
Q キュー [クウィーン] [クウィズ]
R アー [ラビット] [リング]
S エス [サン] [スィー]
T ティー [タイガァ] [ティー]
U ユー [アンブレラ] [ユーニフォーム]
V ヴィー [ヴェイス] [ヴァイオリン]
W ダブリュー [ウルフ] [ウォータァ]
X エックス [フォックス] [ボックス]
Y ワイ [ヤット] [イェロウ]
Z ズィー [ズィーブラ] [ズー]

★カタカナ表記の太字部分は、強く発音します。カタカナでは英語の正確な発音をあらわすことはできません。発音の手がかりとして利用しましょう。

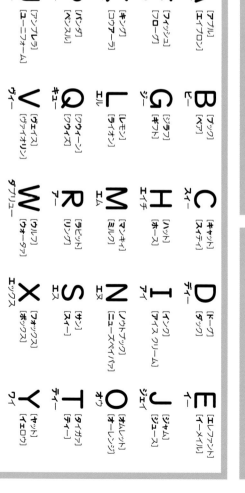

⬆ ていねいに ひっぱって ください。とりはずせます。

キリトリ

1 野《や》さいの そだて方《かた》

ようてんまるごとチェックカード　せいかつ

●なえを うえる

・土は，ふよう土《ど》と（ ① ）を まぜて つくります。

・なえを うえる ときは，（ ② ）を きずつけないように そっと うえます。うえたら，そっと（ ③ ）を やります。

●野さいの せわ

・（ ③ ）を やるのを かかさないように し，ときどき ひりょうを まきます。そだって きたら，ねもとに（ ④ ）を よせたり，（ ⑤ ）を 立てたり します。

・まわりに はえて きた 草は，（ ⑥ ）から とります。

こたえ ①ひりょう ②ね ③水 ④土 ⑤しちゅう ⑥ねもと〈ね〉
※〈 〉は，ほかの こたえかたです。

キリトリ

2 野《や》さいの しゅるい

ようてんまるごとチェックカード　せいかつ

●春《はる》に うえて，夏《なつ》や 秋《あき》に しゅうかくする 野さい

（ ① ）

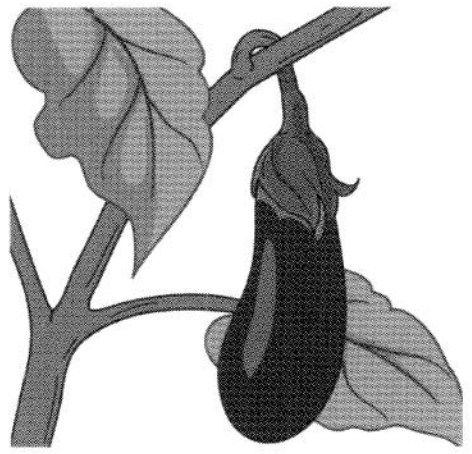

（ ② ）

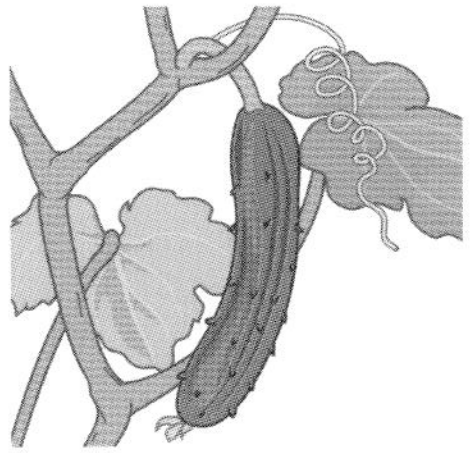

（ ③ ）

（ ④ ）

●秋や 冬《ふゆ》に そだてる 野さい

・イチゴ…秋に なえを はたけに うえて，つぎの 年の 春に しゅうかくします。

・サヤエンドウ…秋に たねを はたけに まいて，つぎの 年の 春に しゅうかくします。

こたえ ①ミニトマト ②ナス ③キュウリ ④サツマイモ

キリトリ

3 野《や》さいの そだち方《かた》・しらべ方

ようてんまるごとチェックカード　せいかつ

●ミニトマトや サツマイモの そだち方を しらべる

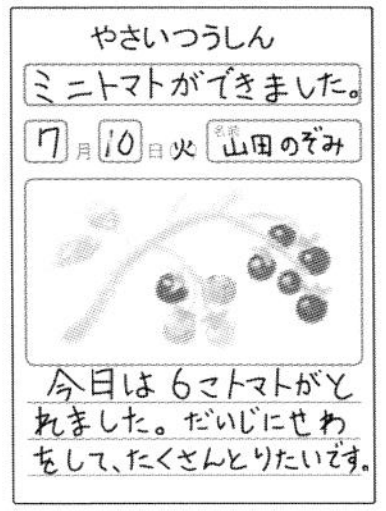

・春《はる》に ミニトマトの（ ① ）を うえると，やがて そだって，花が さきます。花が おちた あとには みが できます。みは ふさのように ならんで できます。

・サツマイモの なえを うえる ときは，（ ② ）が 土の 上に 出るように，ねかして うえます。サツマイモは 地《じ》めんを はうように のびて，いもは（ ③ ）の 中に できます。

・野さいの そだち方を しらべる ときは，なえの うえ方や そだつ じゅんじょを しらべます。また，みや いもが どこに できるかも 見て みましょう。

こたえ ①なえ ②は ③土

キリトリ

4 野《や》さいの とくちょう

ようてんまるごとチェックカード　せいかつ

●野さいの たね

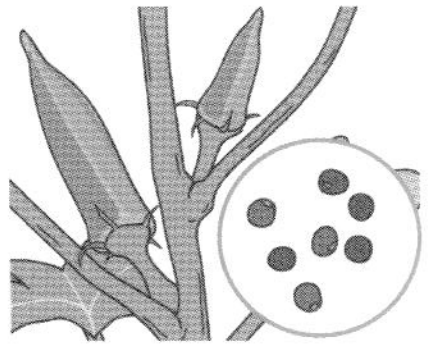

オクラ

（ ① ）

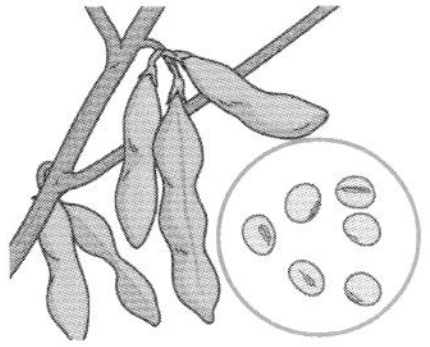

（ ② ）

（ ③ ）

●野さいの 切《き》り口《くち》

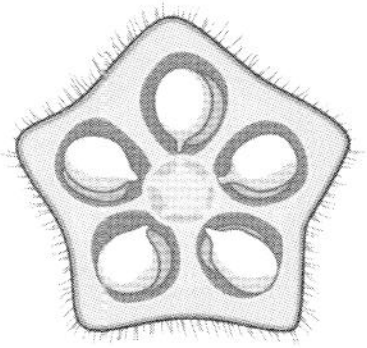

（ ④ ）

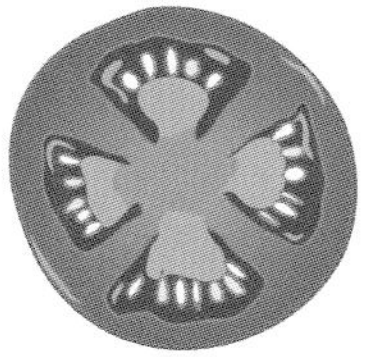

（ ⑤ ）

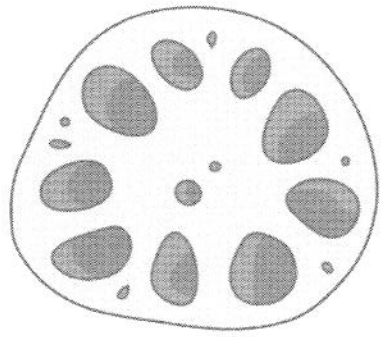

（ ⑥ ）

こたえ ①ダイコン ②ダイズ〈えだまめ〉 ③トウモロコシ ④オクラ ⑤トマト
⑥レンコン〈ハス〉

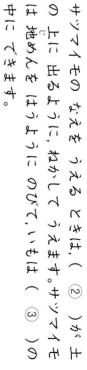

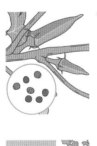

キリトリ

1 野《や》さいの　そだて方《かた》　チェックテスト①

1 野さいの なえを うえて，そだてます。

① 野さいの なえの うえ方で，正しい ものを えらびましょう。

ア なえが 小さい うちは，土に ひりょうは まぜない。

イ なえを うえる ときは，ねに ついて いた 土を ぜんぶ とってから うえる。

ウ なえを うえた あとは，そっと 水を やる。

② 水の やり方で，正しい ものを えらびましょう。

カ 土が かわいて いる ときだけ やる。

キ なえが しおれた ときだけ やる。

ク できるだけ まい日 やる。

こたえ　**1** ①ウ　②ク

キリトリ

2 野《や》さいの　しゅるい　チェックテスト②

1 野さいの 中には，秋《あき》から 冬《ふゆ》に そだてる ものも あります。つぎの うち，秋から 冬に そだてる ものを えらびましょう。

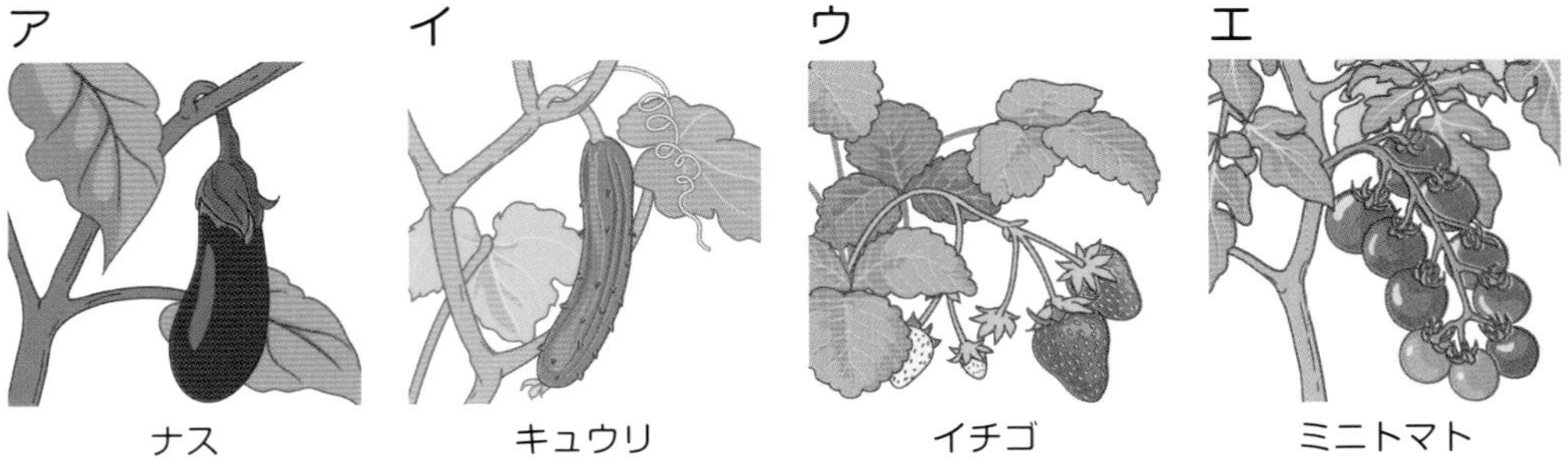

こたえ　**1** ウ

キリトリ

3 野《や》さいの　そだち方《かた》・しらべ方　チェックテスト③

1 ミニトマトと サツマイモを そだてます。

① 右の あ〜うを，ミニトマトが そだつ じゅんに ならべましょう。

② 右の か〜くを，サツマイモが そだつ じゅんに ならべましょう。

③ 食《た》べる ところが 土の 中に できるのは，ミニトマトと サツマイモの どちらですか。

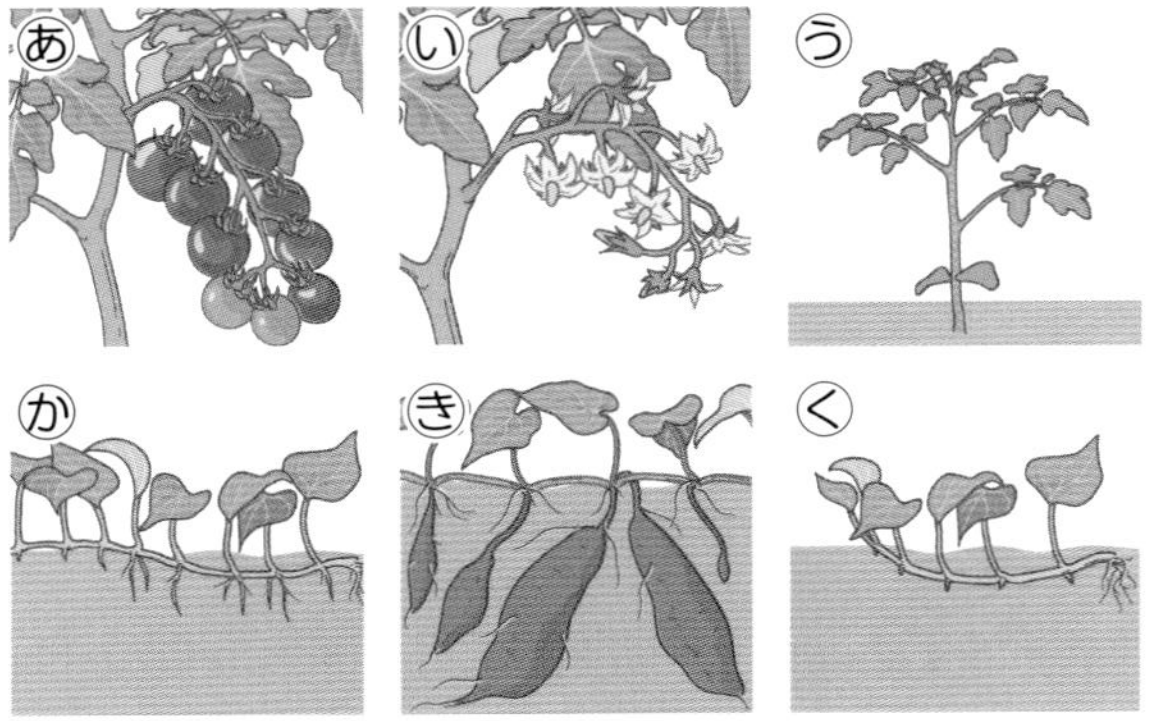

こたえ　**1** ①う→い→あ　②く→か→き　③サツマイモ

キリトリ

4 野《や》さいの　とくちょう　チェックテスト④

1 右の 図《ず》は，いろいろな 野さいの たねや 切《き》り口《くち》です。①〜⑥の 野さいは どれか えらびましょう。

① トウモロコシ

② ナス

③ キャベツ

④ ダイズ

⑤ トマト

⑥ レンコン

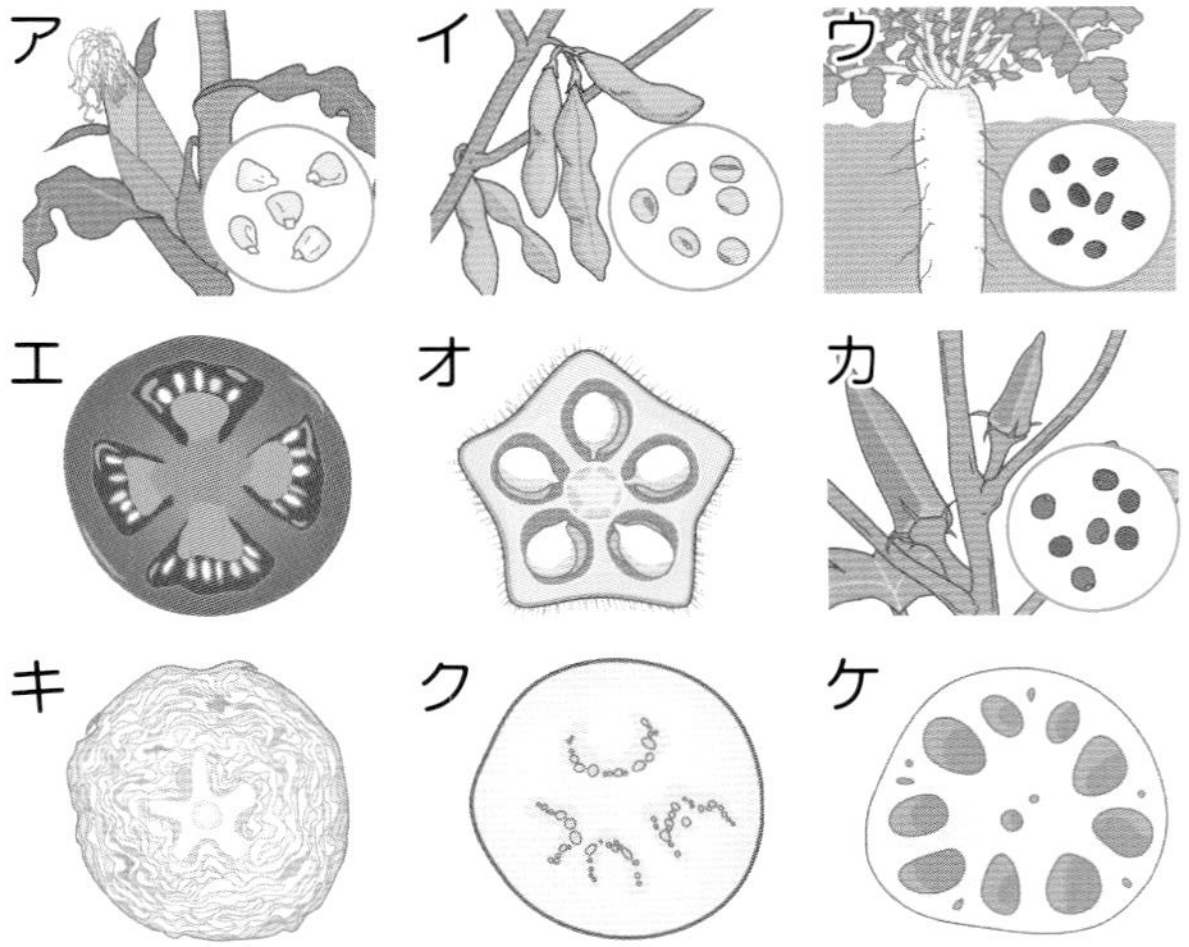

こたえ　**1** ①ア　②ク　③キ　④イ　⑤エ　⑥ケ

キリトリ

5 生きものの 見《み》つけ方《かた》・しらべ方

ようてんまるごとチェックカード せいかつ

●生きものが いる ところ

花《か》だんの 地《じ》めん

（ ① ）

はたけ

モンシロチョウ

公園《こうえん》の 池《いけ》

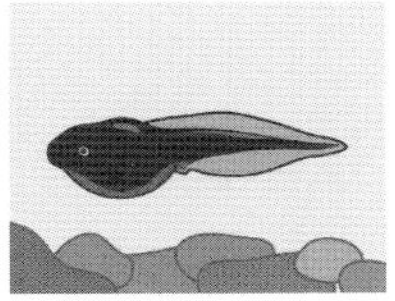

（ ② ）

（ ③ ）

●生きものの ことを しらべる

（ ④ ）で しらべる。

上きゅう生に 聞《き》く。

くわしい 人に 聞く。

こたえ ①ダンゴムシ ②おたまじゃくし〈カエル〉 ③ザリガニ ④本

キリトリ

6 生きものの ふれあい方《かた》・かい方

ようてんまるごとチェックカード せいかつ

●生きものの かい方

ダンゴムシ

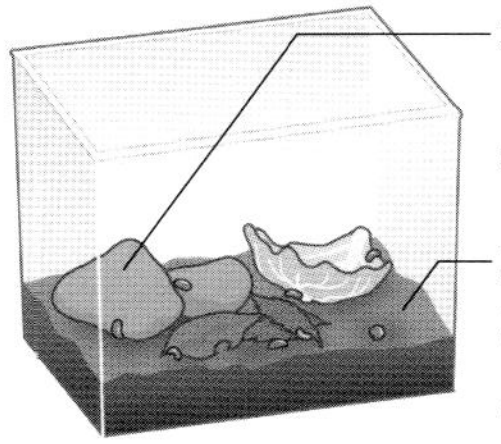

えさの ほかに, （ ① ）に なる ものを 入れる。

土は しめらせて おき, ふよう土《ど》を 入れる。

えさ

（ ② ）

ドッグフード

キャベツ

おたまじゃくし（カエル）

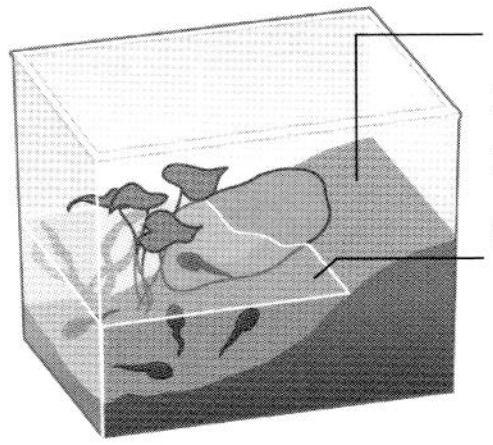

（ ③ ）を つくって おく。

水が くさるので, えさを 入れすぎない。

前《まえ》あしが 出はじめたら, 水を （ ④ ）。

えさ

食《しょく》パン

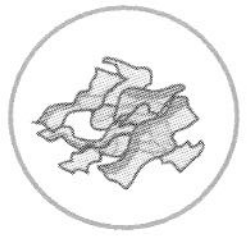

（ ⑤ ）

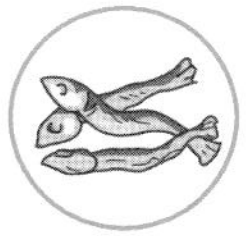

にぼし

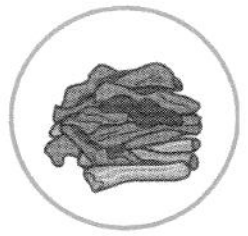

ゆでた ホウレンソウ

こたえ ①かくれが ②かれは ③りく地《ち》 ④少《すく》なく する ⑤かつおぶし

キリトリ

7 きせつの くらし①

ようてんまるごとチェックカード せいかつ

●春《はる》の くらし

・校《こう》ていの 花《か》だんや, 公園《こうえん》, 野原《のはら》などでは, たくさんの （ ① ）が さきます。

・おかしやさんでは, たんごのせっくに 合《あ》わせて, （ ② ）が 売《う》られて います。

●夏《なつ》の くらし

・校ていや 公園, 野原などの 木では, （ ③ ）が なきます。

・夜《よる》, （ ④ ）が うち上げられる ことが あります。

こたえ ①花 ②かしわもち〈ちまき〉 ③セミ ④花火

キリトリ

8 きせつの くらし②

ようてんまるごとチェックカード せいかつ

●秋《あき》の くらし

・秋に なると, 木の （ ① ）の 色《いろ》が かわります。

・イネが みのり, （ ② ）が 行《おこな》われます。

・月が きれいに 見えるので, （ ③ ）を する ことも あります。

●冬《ふゆ》の くらし

・冬に なると, （ ④ ）が ふったり, つもったり する ことが あります。

・１月には, 新《あたら》しい 年を いわう （ ⑤ ）の 行事《ぎょうじ》が 行われます。

こたえ ①は ②いねかり ③月見 ④雪《ゆき》 ⑤正月

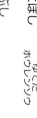

キリトリ

5 生きものの 見《み》つけ方《かた》・しらべ方　チェックテスト⑤　せいかつ

1 右の 図《ず》の 生きものは, ア どんな ところに いますか。①～③の 場《ば》しょで 見られる ものを, それぞれ ぜんぶ えらびましょう。

① 花《か》だんの 地《じ》めん。

② 花の 多《おお》い ところや, はたけ。

③ 公園《こうえん》の 池《いけ》。

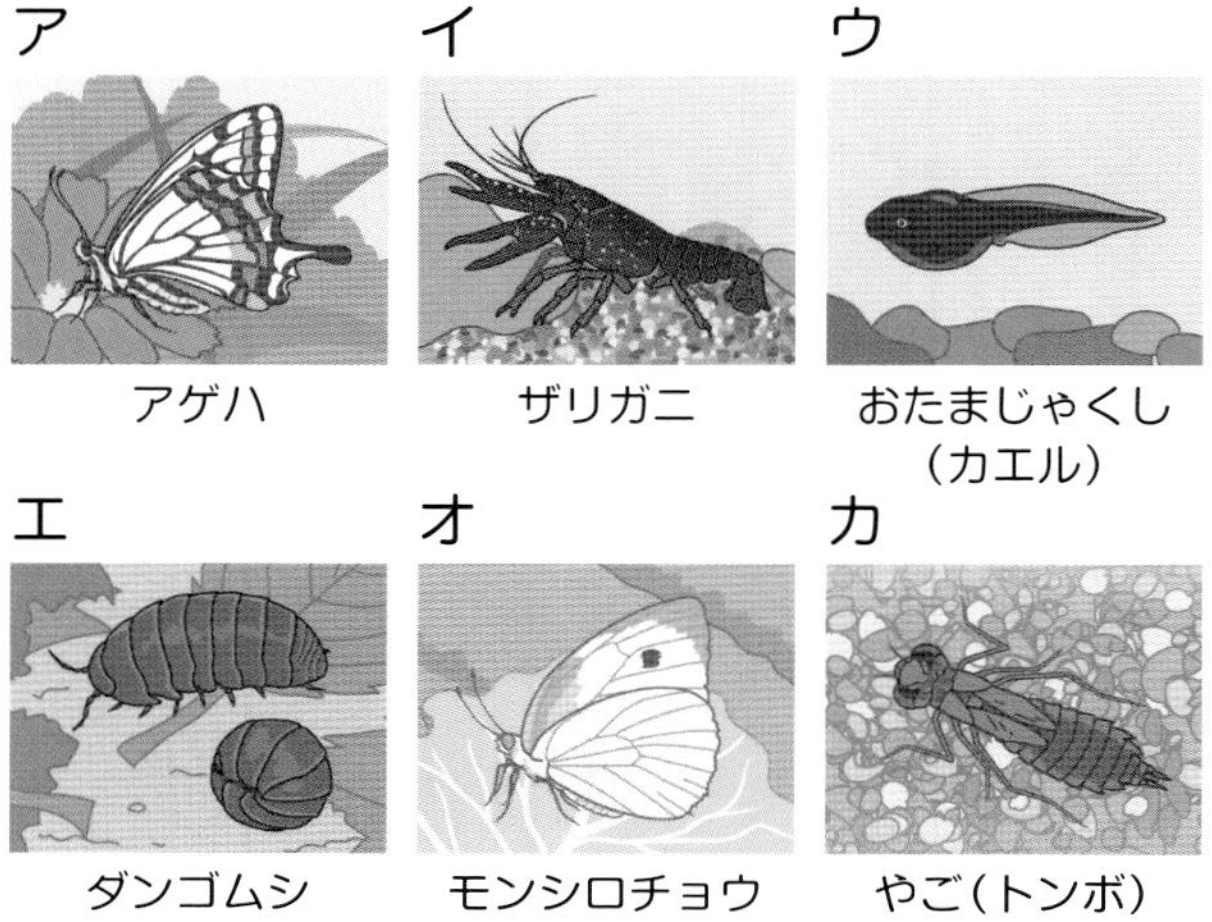

こたえ　**1** ①エ　②ア, オ　③イ, ウ, カ

キリトリ

6 生きものの ふれあい方《かた》・かい方　チェックテスト⑥　せいかつ

1 ザリガニを かいます。

① 右の 図《ず》で, われた うえきばちを 入れるのは, なんの ためですか。

ア　ザリガニの おもちゃに するため。

イ　ザリガニの えさに するため。

ウ　ザリガニの かくれる ばしょに するため。

② えさを 入れすぎないように するのは, どうしてですか。

カ　えさが もったいないから。

キ　えさが のこると 水が くさるから。

ク　ザリガニが えさを 食《た》べすぎるから。

ケ　えさの ために ザリガニどうしで けんかするから。

こたえ　**1** ①ウ　②キ

キリトリ

7 きせつの くらし①　チェックテスト⑦　せいかつ

1 つぎの ア～エは, いろいろな きせつの 公園《こうえん》の ようすです。春《はる》の 公園と, 夏《なつ》の 公園を えらびましょう。

2 きせつが かわると, 町の ようすは どう なりますか。

カ　お店《みせ》で 売《う》って いる ものや, 人びとの きて いる ものが かわる。

キ　お店で 売って いる ものは かわらないが, 人びとの きて いる ものは かわる。

ク　お店で 売って いる ものも, 人びとの きて いる ものも かわらない。

こたえ　**1** 春の 公園…エ　夏の 公園…イ　**2** カ

キリトリ

8 きせつの くらし②　チェックテスト⑧　せいかつ

1 つぎの ア～エは, いろいろな きせつの 公園《こうえん》の ようすです。秋《あき》の 公園と, 冬《ふゆ》の 公園を えらびましょう。

2 きせつが かわると, しぜんと 人びとの くらしは どう なりますか。

カ　しぜんの ようすは かわるが, 人びとの くらしの ようすは かわらない。

キ　しぜんの ようすや, 人びとの くらしの ようすが かわる。

こたえ　**1** ①秋の 公園…ウ　冬の 公園…ア　**2** キ

9 町たんけん①

ようてんまるごとチェックカード　せいかつ

町たんけんで　気を　つけること

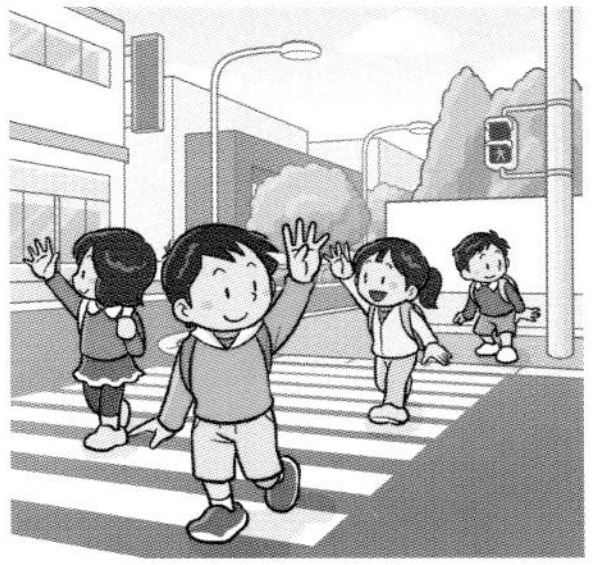

・道《みち》を 歩《ある》く ときは, 交通《こうつう》の（ ① ）を まもりましょう。
・お店《みせ》などに 入る ときや, 話《はなし》を 聞《き》く ときには, 学校の（ ② ）と, 自分《じぶん》の 名前《なまえ》,（ ③ ）を 言《い》って, 今《いま》 せいかつかの 町たんけんの 学《がく》しゅうを して いる ことを つたえます。
・人に 話を 聞く ときは, 今 話を 聞いて いいか どうかを たしかめるように しましょう。
・お店の 人や, おきゃくさんの（ ④ ）に ならないように しましょう。

こたえ　①きまり〈ルール〉　②名前《なまえ》　③学年　④めいわく

10 町たんけん②

ようてんまるごとチェックカード　せいかつ

みんなの　ための　しせつ

じどうかん

（ ① ）

（ ② ）

（ ③ ）

・きまり（ルール）や（ ④ ）を まもって りようします。
・あんぜんに 気を つけながら りようします。

こたえ　①図書《としょ》かん　②はくぶつかん　③えき　④マナー

11 町たんけん③

ようてんまるごとチェックカード　せいかつ

電車《てんしゃ》や　バスの　のり方《かた》

・電車に のる ときは, かいさつ口で（ ① ）を きかいに 通《とお》したり,（ ② ）さんに 見せたり します。カードの ときは タッチして 通ります。ホームでは, 線《せん》の（ ③ ）に ならんで 電車を まちます。
・バスに のる ときは, きかいから 出る（ ④ ）を とります。おりる バスていが 近《ちか》づいたら,（ ⑤ ）を おして 知《し》らせます。おりる ときに せいりけんを 出して,（ ⑥ ）を はらいます。のる ときに お金を はらう バスも あります。

電車や　バスに　のる　ときに　気を　つける　こと

・じゅんばんに ならぶ。
・ホームや 車内《しゃない》で 走《はし》らない。
・さわがない。
・せきは ゆずりあって すわる。

こたえ　①きっぷ　②えきいん　③後《うし》ろ〈内《うち》がわ〉　④せいりけん　⑤ボタン　⑥お金

12 話《はなし》の　聞《き》き方《かた》・つたえ方

ようてんまるごとチェックカード　せいかつ

話を　聞いて　みよう

・町たんけんで お店《みせ》の 人に 話を 聞く ときは, はじめに きちんと（ ① ）を します。つぎに（ ② ）を してから, どんな ことを 聞きたいのかを つたえます。
・聞いた ことは, ノートなどに 書《か》いて おきます。
・さいごに,（ ③ ）を 言《い》います。

電話《てんわ》で　話を　聞いて　みよう（電話の　かけ方）

・電話は, かならず（ ④ ）が いる ところで かけましょう。
・電話では, はっきりと した 声《こえ》で（ ⑤ ）と 話しましょう。
・電話を 切《き》る 前《まえ》に, おれいを 言いましょう。

こたえ　①あいさつ　②じこしょうかい　③おれい　④大人《おとな》　⑤ゆっくり

キリトリ

9 町たんけん① チェックテスト⑨ せいかつ

1 町たんけんに いきます。右の ①〜④は，どのような ところが よく ありませんか。つぎの ア〜エから それぞれ えらびましょう。

ア 交通《こうつう》の きまりを まもらずに 歩《ある》いて いる。

イ お店《みせ》の 人に ことわらずに お店に 入って いる。

ウ お店に 来《き》て いた おきゃくさんの めいわくに なって いる。

エ 町たんけんを せずに，あそんで しまって いる。

こたえ **1** ①エ ②ウ ③イ ④ア

キリトリ

10 町たんけん② チェックテスト⑩ せいかつ

1 町の 図書《としょ》かんを りようします。

① 学校の 図書しつとは，どんな ところが ちがいますか。つぎの ア〜ウから えらびましょう。

ア 本を かりる ことが できる ところ。

イ 町の いろいろな 人が りよう できる ところ。

ウ 本を かりる ことが できる 日数《にっすう》が きまって いる ところ。

② 図書かんの りようの しかたで，正しい ものを えらびましょう。

カ 友だちと おしゃべりを しながら 本を 読《よ》んでも よい。

キ 読んだ 本は，もと あった 場《ば》しょに もどす。

ク 本を やぶいて しまったら，そのまま 本だなに もどす。

こたえ **1** ①イ ②キ

キリトリ

11 町たんけん③ チェックテスト⑪ せいかつ

1 電車《でんしゃ》に のって 出かけます。

優先席 Priority Seat
おゆずり下さい、この席を必要としているお客さまがいます。

① 右のような マークが ついた せきに ついて，正しい ものを ア〜ウから えらびましょう。

ア この マークが ある せきには，子どもは すわっては いけない。

イ この マークが ない せきでは，お年よりなどに せきを ゆずらなくて よい。

ウ この マークが ない せきでも，お年よりなどには せきを ゆずる。

② 電車の のり方《かた》で 正しい ものを カ〜クから えらびましょう。

カ よい せきを とるために，ドアが あいたら いそいで のる。

キ きっぷを 買《か》う ときには，ならんで じゅんばんを まもる。

ク 電車の 中では，大声《おおごえ》で 歌《うた》を 歌《うた》ったりして 楽《たの》しく すごす。

こたえ **1** ①ウ ②キ

キリトリ

12 話《はなし》の 聞《き》き方《かた》・つたえ方 チェックテスト⑫ せいかつ

1 図書《としょ》かんの つかい方に ついて，図書かんの 人に 電話《でんわ》を かけて 聞《き》きます。

① あいさつを したら，つぎに 何《なに》を 言《い》いますか。

ア 教《おし》えて ほしい こと。　イ 自分《じぶん》の 学校と 学年，名前《なまえ》。

ウ どうして 電話を かけたか。

② もし，番《ばん》ごうを まちがえて かけて しまったら どう しますか。

カ 気が ついたら，すぐに だまって 電話を 切《き》る。

キ しばらく だまって いて，まちがえた ことを たしかめたら そのまま 電話を 切る。

ク まちがえた ことを つたえて，あやまってから 電話を 切る。

こたえ **1** ①イ ②ク

キリトリ

13 手紙《てがみ》の　書《か》き方《かた》

ようてんまるごとチェックカード　せいかつ

あて名の　書き方

・あい手の 名前《なまえ》と（　①　），ゆうびん番《ばん》ごうを ていねいに 書きます。

・自分《じぶん》の（　②　）と じゅうしょも 書きます。

・わすれずに（　③　）を はります。

手紙の　書き方

・文字を（　④　）に 書きます。

・書きおわったら，まちがいや わかりにくい ところが ないか（　⑤　）ます。

・絵《え》や しゃしんを つかっても かまいません。

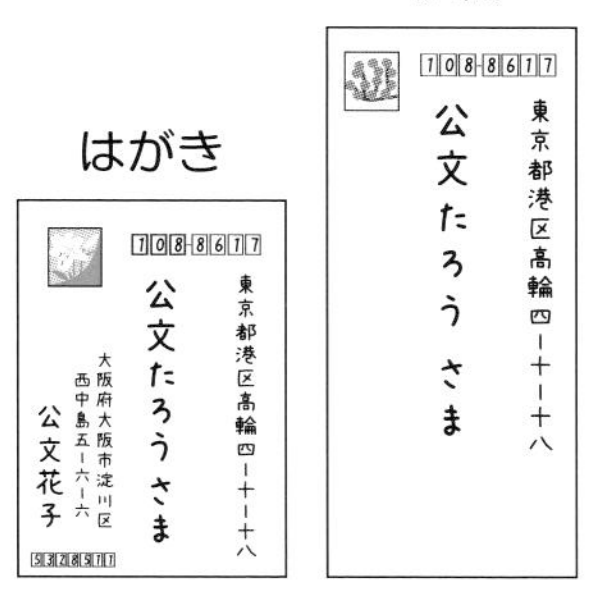

手紙は，ふうとうの うらに 自分の 名前と じゅうしょを 書きます。

こたえ　①じゅうしょ　②名前　③切手《きって》　④ていねい　⑤読《よ》み直《なお》し

キリトリ

14 記《き》ろくの　まとめ方《かた》・つたえ方

ようてんまるごとチェックカード　せいかつ

記ろくの　まとめ方

・野《や》さいを そだてたり，生きものを かったり，町たんけんに 出かけたり したら，その ときの ようすや，自分《じぶん》が した ことや，（　①　）ことなどを，記ろくに まとめましょう。

・自分が つたえたい ことに 合《あ》わせて，カードを えらびましょう。書《か》いた カードを まとめると，絵本《えほん》が できます。

・新聞《しんぶん》に まとめる ときは，みじかい（　②　）の あとに，つたえたい ことを 書きます。一番《いちばん》 つたえたい ことが 目立つように します。

はっぴょう会《かい》

・つたえたい ことを まとめたら，はっぴょう会を しましょう。はっぴょう会では，はっきりした 声《こえ》で（　③　）話《はな》しましょう。

こたえ　①かんじた　②見出し　③ゆっくり

キリトリ

15 おもちゃの　作《つく》り方《かた》①

ようてんまるごとチェックカード　せいかつ

こまの　作り方

・だんボールは，きれいな 丸《まる》に なるように 切《き》ります。

・じくを こまの（　①　）に さします。

・じくは，（　②　）に 立つように します。

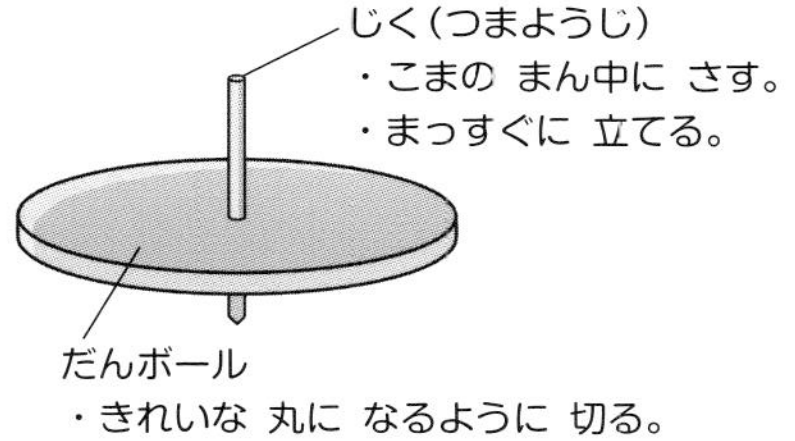

やじろべえの　作り方

・右と 左の うでの 長《なが》さや，おもりの おもさが 同《おな》じだと，やじろべえは つり合《あ》って，（　③　）に 立ちます。

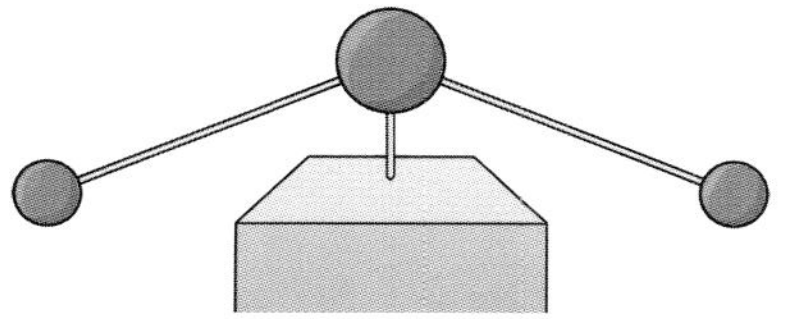

右と 左の うでの 長さや，おもりの おもさが 同じに なるように，竹ひごに ねん土を つける。

こたえ　①まん中　②まっすぐ　③まっすぐ

キリトリ

16 おもちゃの　作《つく》り方《かた》②

ようてんまるごとチェックカード　せいかつ

カッターナイフの　つかい方

・カッターナイフを つかう ときは，はを（　①　）すぎないように します。

・紙《かみ》を まっすぐに 切《き》る ときは，じょうぎを つかいます。じょうぎと 紙を 手で しっかりと おさえます。このとき，（　②　）が じょうぎから はみ出さないように ちゅういします。

・切るときは カッターナイフの（　③　）を 手前《てまえ》に ねかせます。

・カッターナイフを ほかの 人に わたす ときは，はを もとに もどし，（　④　）ほうを あい手《て》に むけて わたします。

大切《たいせつ》に　つかおう

・いちど つかった ものを つくりかえて，くりかえし つかえるように することを（　⑤　）と いいます。

こたえ　①出し　②ゆび先《さき》〈手《て》〉　③は　④もつ　⑤リサイクル

13 手紙《てがみ》の　書《か》き方《かた》　チェックテスト⑬

1 はがきや 手紙を 書くとき，つぎの ①～⑥は どこに 書きますか。右の ア～カから それぞれ えらびましょう。

《はがき》 ① あい手の 名前《なまえ》
② あい手の じゅうしょ
③ 自分《じぶん》の 名前
④ 自分の じゅうしょ

《手紙》 ⑤ あい手の 名前
⑥ あい手の じゅうしょ

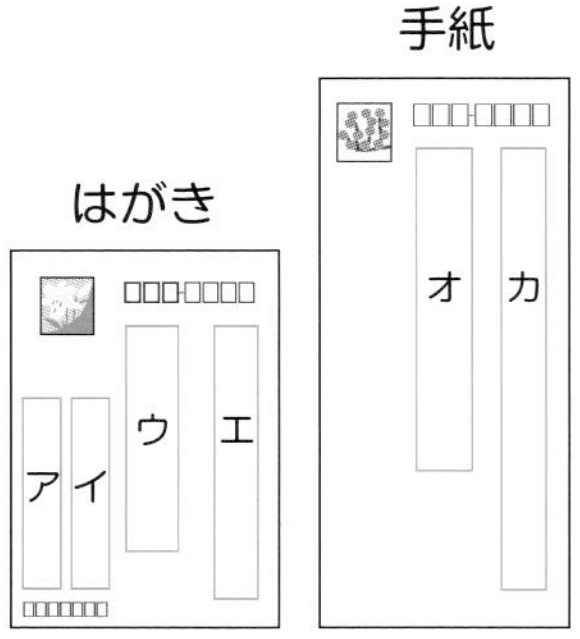

※ ゆうびん番《ばん》ごうも わすれないで 書きましょう。

こたえ **1** ①ウ ②エ ③ア ④イ ⑤オ ⑥カ

14 記《き》ろくの　まとめ方《かた》・つたえ方　チェックテスト⑭

1 町たんけんで 行《い》った お店《みせ》の ことを みんなに つたえます。

① ポスターで つたえるには，どう しますか。つぎの 文の〔　　〕の 中の，正しい ほうを えらびましょう。

・文字は，あ〔 大きく・小さく 〕書《か》く。
・文字の 数《かず》は，い〔 多《おお》い・少《すく》ない 〕ほうが わかりやすい。
・色《いろ》や しゃしんを う〔 つかって・つかわないで 〕目立つように くふうする。

② パンフレットで つたえるには，どう しますか。つぎの 文の（　　）に あてはまる ことばを 答《こた》えましょう。

・パンフレットの（ え ）を つける。
・みんなが（ お ）ように，絵《え》や しゃしんを つかう。

こたえ **1** ①あ…大きく い…少ない う…つかって ②え…名前《なまえ》 お…読《よ》みたく なる

15 おもちゃの　作《つく》り方《かた》①　チェックテスト⑮

1 こまを 作ります。一番《いちばん》 よく 回《まわ》る こまを，つぎの ア～エから えらびましょう。

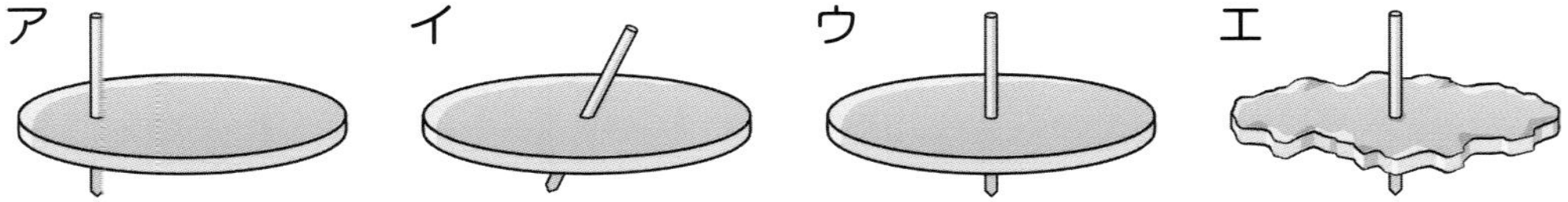

2 やじろべえを 作ります。まっすぐに 立つ やじろべえを，つぎの カ～クから えらびましょう。

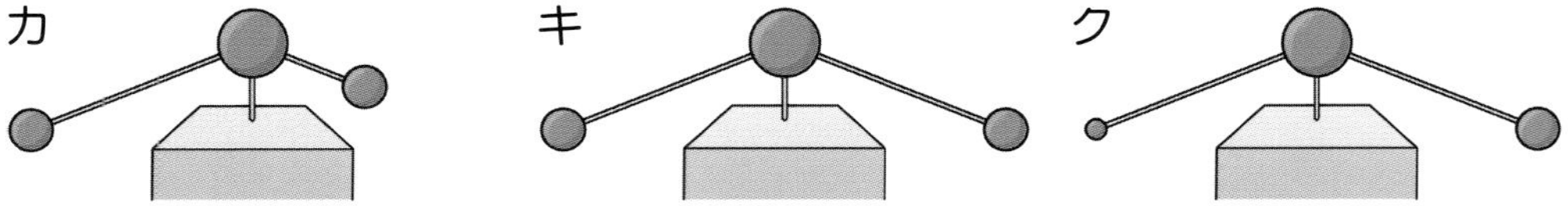

こたえ **1** ウ **2** キ

16 おもちゃの　作《つく》り方《かた》②　チェックテスト⑯

1 カッターナイフで 紙《かみ》を 切《き》ります。正しい つかい方を，つぎの ア～ウから えらびましょう。

2 牛《ぎゅう》にゅうパックなどの 紙パックは，いちど つかった あと，トイレットペーパーなどに つくりかえられます。また，アルミニウムの かんからは 新《あたら》しい かんが つくられます。このように つくりかえて くりかえし つかう ことを，なんと いいますか。

こたえ **1** イ **2** リサイクル

かん字の かき

がくしゅう日　月　日

合《ごう》かくシール
ぜんもん 正かいに できたら 合《ごう》かくシールを はろう！

←答《こた》え合《あ》わせを して、答《こた》えが 合《あ》って いたら、ここに **できたシール**を はろう。

1

できた シール

□に かん字を かきましょう。
〈「とめ・はね」に 気を つけて、正しく かん字が かける〉

(1) 絵《え》の □《さい》のう。

(2) □《かたな》を ぬく。

(3) □《とり》が □《はね》を 広《ひろ》げる。

(4) □《がっ》校《こう》の うんどう □《じょう》。

(5) □《あめ》の 中を □《はし》って 帰《かえ》る。

(6) □《まい》日《にち》、□《はな》に □《みず》を やる。

2

できた シール

□に かん字を かきましょう。
〈画《かく》（線《せん》）の せっし方《かた》・交《まじ》わり方《かた》に 気を つけて、正しく かん字が かける〉

(1) きゅう食《しょく》の 当《とう》□《ばん》。

(2) 一《いち》□《ねん》の □《はん》分《ぶん》が すぎる。

(3) □《とも》だちを 大《おお》□《ごえ》で よぶ。

(4) □《や》じるしの 形《かたち》に 紙《かみ》を □《き》る。

(5) □《ご》後《ご》、先生の お話《はなし》を □《き》く。

(6) □《し》って いる 字を □《か》く。

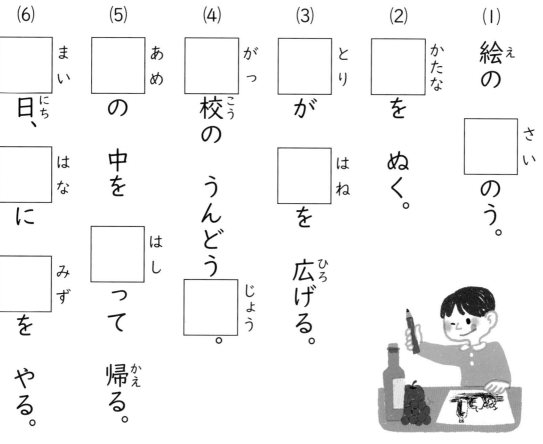

2回《かい》 なかまの かん字(1)

学しゅう日　　月　　日

合《ごう》かくシール
ぜんもん 正かいに できたら 合《ごう》かくシールを はろう!

1 できたシール

〈生きものや 草木を あらわす かん字が 書《か》ける〉

□に かん字を 書《か》きましょう。

(1) □《こ》□《とり》や □《いぬ》を かう。

(2) □《うし》や □《うま》が 草を 食《た》べる。

(3) □《さかな》や □《かい》の りょう理《り》。

(4) □《こめ》と □《はな》を 買《か》う。

(5) □《むぎ》ばたけ

(6) □《たけ》の子

2 できたシール

〈しぜんや 天気を あらわす かん字が 書《か》ける〉

□に かん字を 書《か》きましょう。

(1) □《たに》から ふく □《かぜ》。

(2) □《いわ》の 多《おお》い □《かい》がん。

(3) 空が □《は》れる。

(4) □《ほし》空《ぞら》

(5) □《いけ》の 近《ちか》くの □《はやし》。

(6) □《ゆき》が ふる。

(7) 白い □《くも》。

3回《かい》 なかまの かん字(2)

学しゅう日　　月　　日

合《ごう》かくシール
ぜんもん 正かいに できたら 合《ごう》かくシール を はろう！

1 できたシール

〈一日を あらわす かん字が 書《か》ける〉

□に かん字を 書《か》きましょう。

(1) □《あさ》日《ひ》

(2) □《ひる》休《やす》み

(3) □《よる》ごはん

2 できたシール

〈ほうがくを あらわす かん字が 書《か》ける〉

□に かん字を 書《か》きましょう。

(1) □《ひがし》から たいようが のぼる。

(2) □《にし》の □□《ほうがく》を さす。

(3) □《まえ》と □《うし》ろの 人。

(4) かぜが □《きた》から □《みなみ》に ふく。

3 できたシール

〈きせつを あらわす かん字が 書《か》ける〉

□に かん字を 書《か》きましょう。

(1) □《はる》かぜ

(2) □《なつ》まつり

(3) □《あき》の 虫。

(4) さむい □《ふゆ》。

4 できたシール

〈家《か》ぞくを あらわす かん字が 書《か》ける〉

□に かん字を 書《か》きましょう。

(1) □《ちち》と □《はは》が 出かける。

(2) □《あに》と □《おとうと》が あそぶ。

(3) □《あね》が □《いもうと》の せわを する。

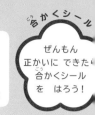

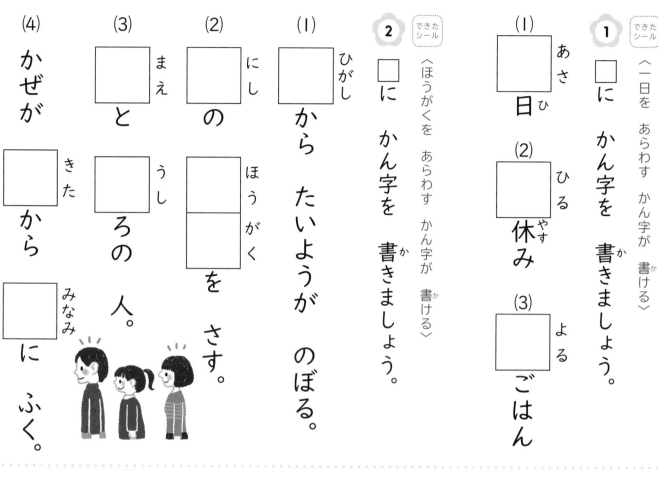

なかまの かん字(3)

がくしゅう日 月 日

合《ごう》かくシール
ぜんもん 正かいに できたら 合《ごう》かくシール を はろう!

1 できたシール

□に かん字を 書《か》きましょう。

〈からだの ぶぶんを あらわす かん字が 書《か》ける〉

(1) かみの □《け》

(2) □《かお》を あらう。

(3) 足《あし》□《くび》

(4) □《あたま》を なでる。

(5) □《からだ》を うごかす。

2 できたシール

□に かん字を 書《か》きましょう。

〈いろを あらわす かん字が 書《か》ける〉

(1) □《き》□《いろ》い 花。

(2) □《くろ》い 犬と □《ちゃ》□《いろ》の 犬。

3 できたシール

□に かん字を 書《か》きましょう。

〈いえや 町に ある ものを あらわす かん字が 書《か》ける〉

(1) □《こう》□《えん》へ 行《い》く。

(2) □《いち》場《ば》の □《みせ》で 買《か》う。

(3) □《いえ》の 近《ちか》くの お□《てら》。

(4) □《だい》どころの □《と》を しめる。

4 できたシール

□に かん字を 書《か》きましょう。

〈のりものを あらわす かん字が 書《か》ける〉

(1) 外《がい》こくへ 行《い》く □《ふね》。

(2) □《き》車《しゃ》と □《でん》車《しゃ》が 通《とお》る。

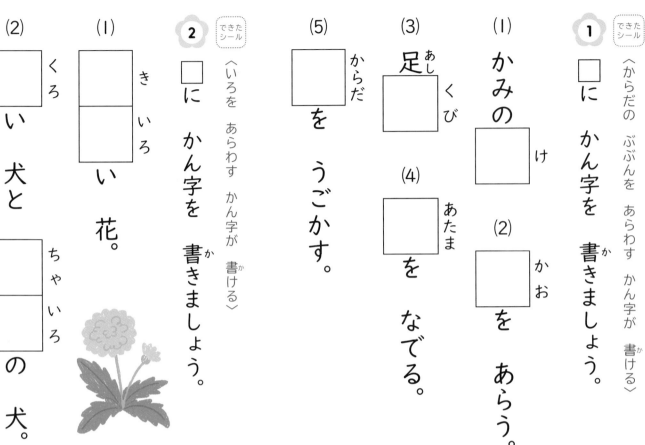

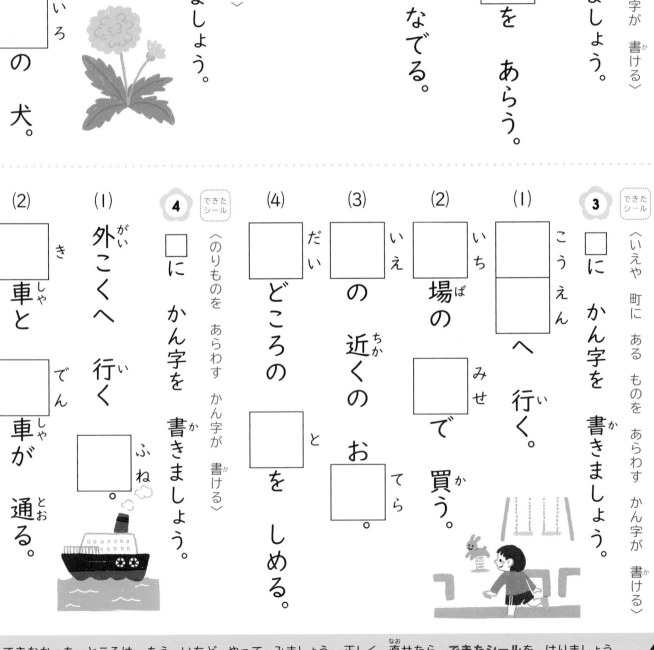

5回《かい》 なかまの かん字(4)

学しゅう日　月　日

合《ごう》かくシール
ぜんもん 正かいに できた 合《ごう》かくシールを はろう！

1 できたシール

□に かん字を 書《か》きましょう。
〈がっこうに かんけいが ある かん字が 書《か》ける〉

(1) 二《に》□《ねん》二《に》□《くみ》

(2) 春《はる》の □□《えんそく》。

(3) きゅう食《しょく》の □□《とうばん》。

(4) □□《きょうしつ》で べん強《きょう》する。

(5) ねる 前《まえ》に □《ほん》を □《よ》む。

(6) □□《がっこう》の □《せん》せい。

2 できたシール

□に かん字を 書《か》きましょう。
〈きょうかを あらわす かん字が 書《か》ける〉

(1) □《たい》いくの 時《じ》間《かん》。

(2) □□□《せいかつか》の じゅぎょう。

(3) □□《こくご》と □□《さんすう》。

(4) □□《おんがく》で □《うた》を うたう。

(5) □□《りか》と □□《しゃかい》の ノート。

(6) □□□□《ずがこうさく》で ねん土を つかう。

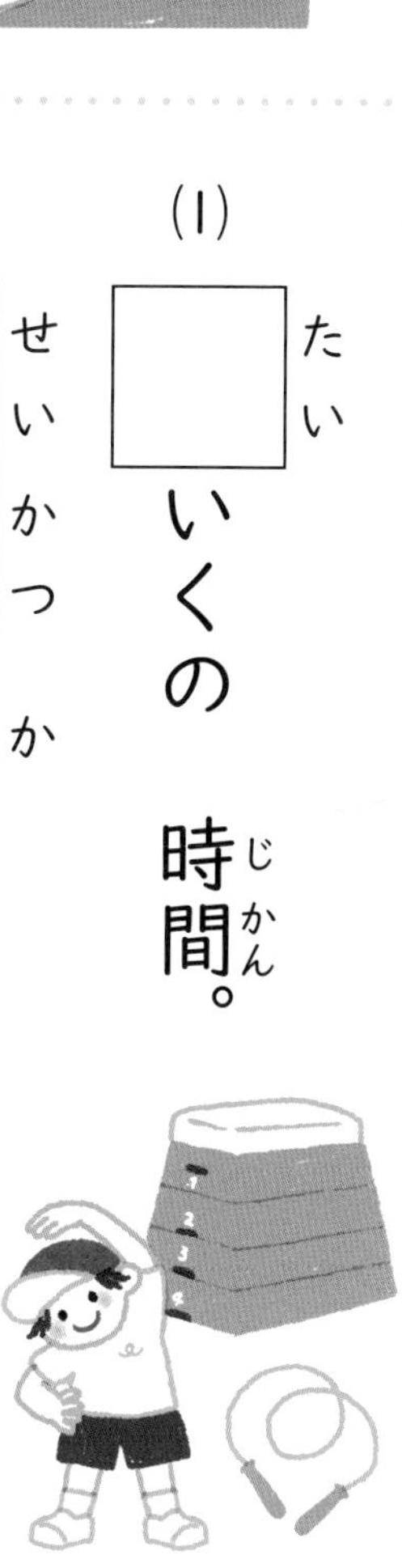

できなかった ところは、もう いちど やって みましょう。正しく 直《なお》せたら **できたシール**を はりましょう。

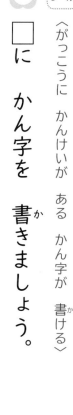

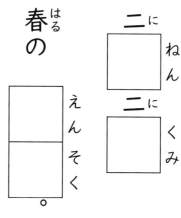

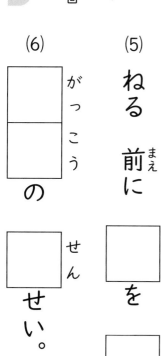

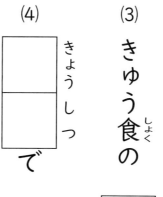

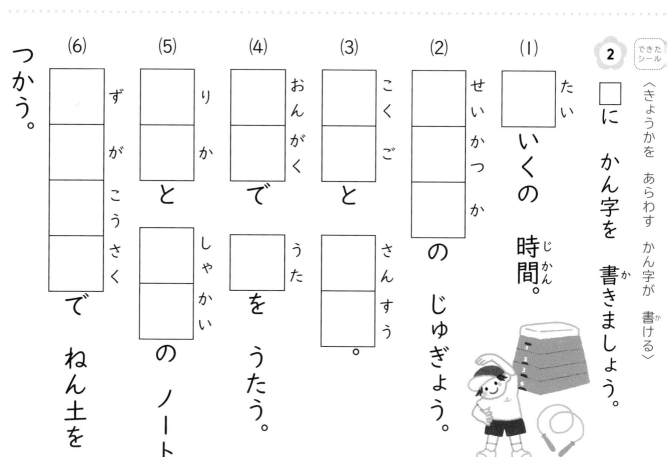

6 回《かい》 形《かたち》の にた かん字

学しゅう日　月　日

合《ごう》かくシール
ぜんもん 正かいに できたら 合《ごう》かくシールを はろう！

1 できたシール

□に かん字を 書《か》きましょう。
〈形《かたち》に 気を つけて かん字を 正しく 書《か》ける〉

(1)
白い □《いぬ》。
□《ふと》い 木。

(2)
家《いえ》の □《そと》。
人が □《おお》い。

(3)
町に □《い》く。
□《なん》回《かい》

(4)
日の □《ひかり》。
□《げん》気《き》な 声《こえ》。

(5)
半《はん》□《ぶん》
□《いま》の 話《はなし》。

(6)
□《あたら》しい 本。
馬《うま》の □《おや》子《こ》。

2 できたシール

まちがって いる かん字に ——《せん》を ひき、右がわに 正しい かん字を 書《か》きましょう。
〈まちがって いる かん字を 正しく 書《か》き直《なお》す ことが できる〉

〈れい〉 学校《がっこう》の 間《もん》を しめる。　門

(1) 朝《あさ》、午《ぎゅう》にゅうを のむ。

(2) 花《はな》で 自《くび》かざりを 作《つく》る。

(3) 黒《くろ》い かばんを もった 小年《しょうねん》。

(4) 東北《とうほく》池方《ちほう》の まつり。

(5) 母《はは》が 一方円《いちまんえん》さつを 出《だ》す。

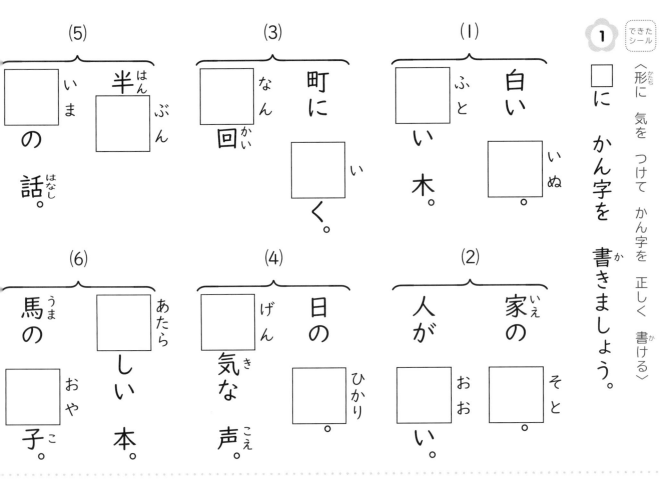

かん字の くみ立て

学しゅう日　　月　　日

合《ごう》かくシール
ぜんもん 正かいに できたら 合《ごう》かくシール を はろう！

1 できたシール

〈「糸」を もつ かん字が 書《か》ける〉

□に かん字を 書《か》きましょう。

(1) えんぴつで □《せん》を 引《ひ》く。

(2) 学校で □《え》を かく。

(3) おもちゃを □《く》み立《た》てる。

(4) □《ほそ》長《なが》い 形《かたち》の はこ。

(5) おり□《がみ》を おる。

2 できたシール

〈「言」を もつ かん字が 書《か》ける〉

□に かん字を 書《か》きましょう。

(1) 毎日《まいにち》、日《にっ》□《き》を 書《か》く。

(2) □《けい》算《さん》の 答《こた》えを 言《い》う。

(3) えい□《ご》を □《はな》す。

3 できたシール

〈「辶」を もつ かん字が 書《か》ける〉

□に かん字を 書《か》きましょう。

(1) 今《こん》□《しゅう》、□《えん》足《そく》に 行《い》く。

(2) □□《ちかみち》を □《とお》る。

できなかった ところは、もう いちど やって みましょう。正しく 直《なお》せたら **できたシール**を はりましょう。

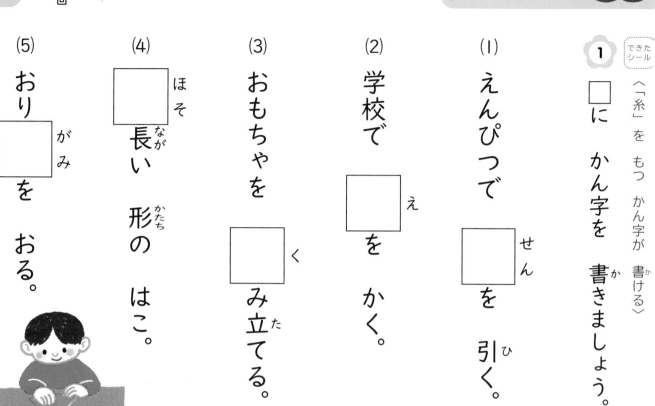

8回《かい》 かん字の つかいかた(1)

学しゅう日　月　日

ごうかくシール
ぜんもん 正かいに できたら ごうかくシールを はろう！

1

できたシール

□に かん字を 書《か》きましょう。
〈同《おな》じ ぶぶんを もつ かん字が 正しく 書《か》ける〉

(1) □《ひ》き出《だ》し　□《ゆみ》矢《や》

(2) あん□《しん》　□《おも》い出《で》

(3) ぶた□《にく》　車《しゃ》□《ない》

(4) 休《やす》みじ□《かん》　家《いえ》の □《もん》。

(5) □《さと》いも　□《や》さい

(6) 足を □《と》める。　□《ほ》道《どう》きょう

2

できたシール

―《せん》の かん字は、まちがって います。□に 正しい かん字を 書《か》きましょう。
〈まちがって いる かん字を 正しく 書《か》き直《なお》す ことが できる〉

(1) 店線《せん》に そって おりまげる。　□《てん》

(2) もんだいの 算えを 読う。　□《こた》　□《い》

(3) 校近じこを ふせぐ。　□□《こうつう》

(4) 本の 上で とりが 鳥く。　□《き》　□《な》

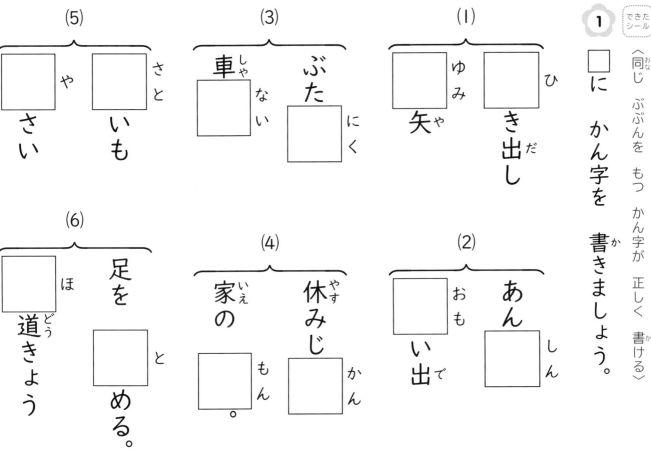

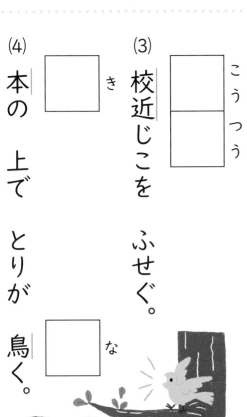

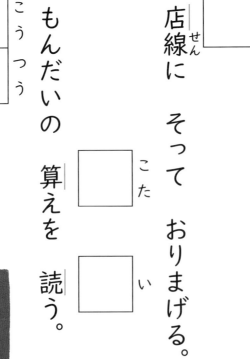

9回《かい》 かん字の つかいかた(2)

学しゅう日　月　日

ごうかくシール
ぜんもん 正かいに できたら ごうかくシールを はろう！

1 できたシール
〈同《おな》じ よみかたの かん字を 正しく 書《か》ける〉

□と よむ かん字を、□に 書《か》きましょう。

(1) こう
□園《えん》
図《ず》画《が》□作《さく》

(2) とう
先《せん》□を 走《はし》る。
□番《ばん》

(3) きょう
東《とう》□
べん□

(4) じ
□かん
□分《ぶん》の 顔《かお》。

(5) げん
草《そう》□の 花。
□気《き》な 人。

(6) よう
画《が》□紙《し》
日《にち》□日《び》

2 できたシール
〈同《おな》じ よみかたの かん字を 正しく 書《か》ける〉

□と よむ かん字を、□に 書《か》きましょう。

(1) がた
夕《ゆう》□
手《て》□

(2) あ
人に □う。
話《はな》し□う

(3) か
□だん
□よう日《び》

(4) き
なみ□
□色《いろ》

(5) あ
夜《よ》が □ける。
家《いえ》を □ける。

できなかった ところは、もう いちど やって みましょう。正しく 直《なお》せたら **できたシール**を はりましょう。

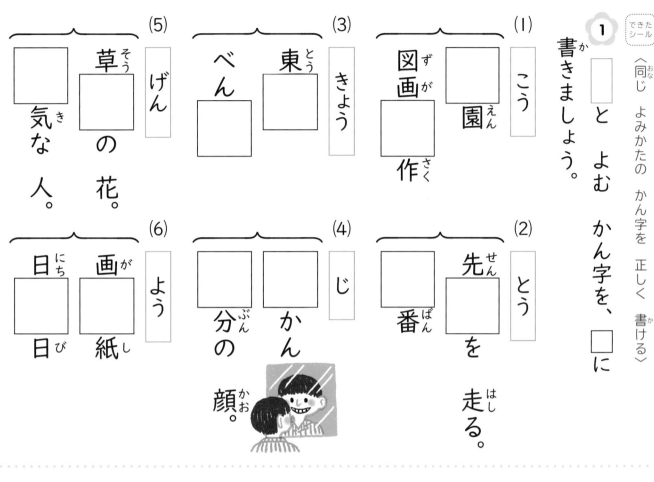

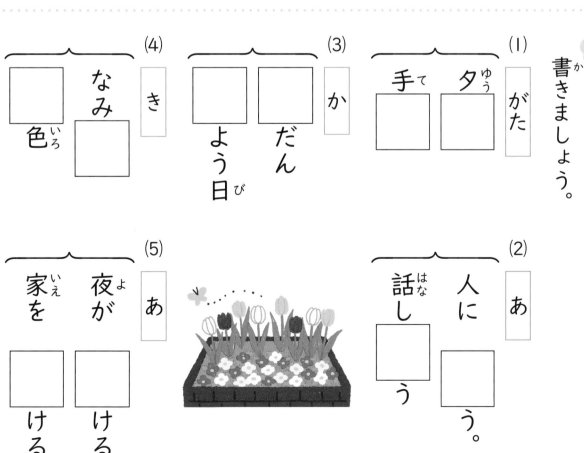

10 かい おくりがなの つく かん字

学しゅう日　　月　　日

合《ごう》かくシール
ぜんもん 正かいに できたら 合《ごう》かくシールを はろう！

1 できたシール

〈おくりがなを まちがえやすい かん字が 正しく 書《か》ける〉

――線《せん》の ことばを、かん字と ひらがなで（　）に 書《か》きましょう。

(1) ひろい へや。（　　　）

(2) 字を 書《か》きなおす。（　　　）

(3) こまを まわす。（　　　）

(4) パンを たべる。（　　　）

(5) 家《いえ》に かえる。（　　　）

(6) 紙《かみ》を まるめる。（　　　）

(7) 答《こた》えを かんがえる。（　　　）

(8) おなじ 色《いろ》の かさ。（　　　）

2 できたシール

〈おくりがなの つく かん字が 正しく 書《か》ける（はんたいの いみの ことば）〉

はんたいの いみの ことばを、かん字と ひらがなで（　）に 書《か》きましょう。

(1) ひくい ↔ （　　　） たかい（　　　）

(2) みじかい ↔ （　　　） ながい（　　　）

(3) （　　　）いく（　　　） ↔ （　　　）くる（　　　）

(4) （　　　）うる（　　　） ↔ （　　　）かう（　　　）

(5) （　　　）つよい（　　　） ↔ （　　　）よわい（　　　）

(6) （　　　）ふるい（　　　） ↔ （　　　）あたらしい（　　　）

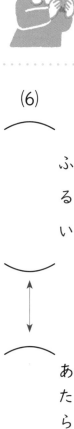

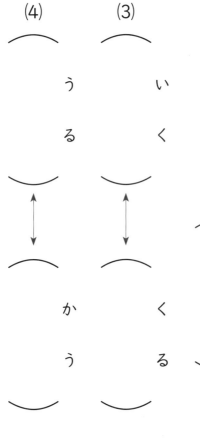

11 かい かたかな(1)

学しゅう日 月 日

合《ごう》かくシール
ぜんもん 正かいに できたら 合《ごう》かくシールを はろう!

できたシール 〈かたかなを 正しく 書《か》ける〉

1 つぎの ことばを、（ ）に かたかなで 書《か》きましょう。

(1) たおる （ ）

(2) おるがん （ ）

(3) ぺんぎん （ ）

(4) びすけっと （ ）

(5) まっち （ ）

(6) えれべえたあ （ ）

(7) しちゅう （ ）

(8) きゃらめる （ ）

できたシール 〈形《かたち》の にた かたかなを 正しく 書《か》ける〉

2 まちがって いる かたかなに 線《せん》を ひき、右がわに 正しい かたかなを 書《か》きましょう。

〈れい〉 チ（テ）ント《てんと》を はる。

(1) ネククイ《ねくたい》と ワイシャシ《わいしゃつ》。

(2) マフテー《まふらあ》と ユート《こうと》を かける。

(3) アヨネーズ《まよねえず》と ンース《そうす》を かった。

(4) ポップコーソ《ぽっぷこうん》と ケッキー《くっきい》。

 できなかった ところは、もう いちど やって みましょう。正しく なおせたら **できたシール**を はりましょう。

12 回《かい》 かたかな(2)

学しゅう日　　月　　日

合《ごう》かくシール
ぜんもん 正かいに できたら 合《ごう》かくシールを はろう！

1　できた シール

〈かたかなで 書《か》く ことばの しゅるいが わかる〉

「　」の ことばを、つぎの (1)〜(4)に 分《わ》けて、(　)に かたかなで 書《か》きましょう。

「どいつ・わんぴいす・がたがた・えじそん・ぴよぴよ・ふらんす・てにす・いそっぷ」

(1) 外国《がいこく》の 国《くに》や 土地《とち》の 名前《なまえ》。

(　　)・(　　)

(2) 外国《がいこく》の 人の 名前《なまえ》。

(　　)・(　　)

(3) 外国《がいこく》から 来《き》た ことば。

(　　)・(　　)

(4) ものの 音。どうぶつの 鳴《な》き声《ごえ》。

(　　)・(　　)

2　できた シール

〈文の 中の かたかなで 書《か》く ことばが わかる〉

かたかなで 書《か》いた ほうが よい ことばを 二つずつ 見つけて、(　)に かたかなで 書《か》きましょう。

(1) 自《じ》てん車《しゃ》の べるが ちりんと 鳴《な》った。

(　　)・(　　)

(2) おうすとらりあには こあらが いる。

(　　)・(　　)

(3) お母《かあ》さんに でぱあとで せえたあを 買《か》って もらった。

(　　)・(　　)

13回《かい》 はんたいの　いみの　ことば

学しゅう日　月　日

合《ごう》かくシール
ぜんもん 正かいに できたら 合《ごう》かくシールを はろう！

1 できたシール
〈はんたいの いみの ことばが わかる（ようすを あらわす ことば）〉

はんたいの いみの ことばを、□ から えらんで 書《か》きましょう。

(1) 太《ふと》い ↔ （　　　）

(2) 弱《よわ》い ↔ （　　　）

強《つよ》い・長《なが》い・細《ほそ》い

2 できたシール
〈はんたいの いみの ことばが わかる（うごきを あらわす ことば）〉

はんたいの いみの ことばを、□ から えらんで 書《か》きましょう。

(1) 引《ひ》く ↔ （　　　）

(2) うごく ↔ （　　　）

走《はし》る・止《と》まる・おす

3 できたシール
〈はんたいの いみの ことばが つかえる〉

――線《せん》の ことばと、はんたいの いみの ことばを 書《か》きましょう。

(1) 近《ちか》い ↔ （　　　）

(2) 多《おお》い ↔ （　　　）

(3) すてる ↔ （　　　）

(4) まける ↔ （　　　）

(5) せが 高《たか》い。↔ せが （　　　）。

(6) あつい 夏《なつ》。↔ （　　　） 冬《ふゆ》。

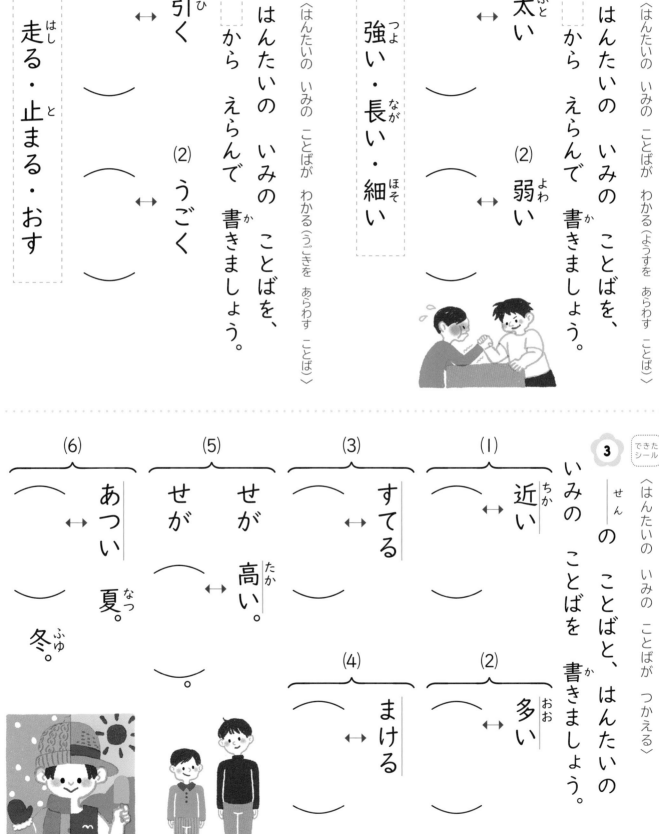

14回《かい》 ようすを　あらわす ことば

学しゅう日　　月　　日

合《ごう》かくシール
ぜんもん 正かいに できたら 合《ごう》かくシール を はろう！

1 できたシール

〈ようすを　あらわす　ことばを　正しく　つかえる〉

（　）に 合《あ》う ことばを、［　］から えらんで 書《か》きましょう。ことばは、一回《いっかい》しか つかえません。

(1) 太《たい》ようの（　　）光《ひかり》。

(2) 姉《あね》は せが（　　）。

(3) きりんの 首《くび》は（　　）。

(4) 家《いえ》から 学校までは（　　）。

(5) 父《ちち》の にもつは（　　）。

［長《なが》い・高《たか》い・おもい・明《あか》るい・近《ちか》い］

2 できたシール

〈ようすを　あらわす　ことばを　つかって、文を　くわしく　する　ことが　できる〉

絵《え》を 見て、くわしく する ことばを、（　）に 書《か》きましょう。

(1)

雨が（　　）ふる。

(2)

戸《と》を（　　）しめる。

(3)

紙《かみ》を（　　）切《き》った。

国語《こくご》

ことばの きまり

15回《かい》 文の 組《く》み立《た》て(1)

学しゅう日　　月　　日

合《ごう》かくシール

ぜんもん 正かいに できたら 合《ごう》かくシールを はろう！

1 できた シール

〈文の 中の 「何《なに》が」が わかる〉

「何《なに》が」に あたる ことばを、（　）に 書《か》きましょう。

(1) ねこが 鳴《な》く。

（　　　　）

(2) みどり色《いろ》の かえるが はねる。

（　　　　）

2 できた シール

〈文の 中の 「だれが」が わかる〉

「だれが」に あたる ことばを、（　）に 書《か》きましょう。

(1) 父《ちち》が 本を 読《よ》む。

（　　　　）

(2) 男の子が にっこりと わらう。

（　　　　）

3 できた シール

〈文の 中の 「どう する」が わかる〉

「どう する」に あたる ことばを、（　）に 書《か》きましょう。

(1) こいが およぐ。

（　　　　）

(2) 女の子が ならんで 歩《ある》く。

（　　　　）

(3) 池《いけ》の こおりが とける。

（　　　　）

(4) 男の子が 大声《おおごえ》で 歌《うた》う。

（　　　　）

(5) 小さな 鳥《とり》が、いっせいに とぶ。

（　　　　）

できなかった ところは、もう いちど やって みましょう。正しく 直《なお》せたら **できたシール**を はりましょう。

16回《かい》 文の 組《く》み立《た》て⑵

学しゅう日　月　日

合《ごう》かくシール
ぜんもん 正かいに できたら 合《ごう》かくシール を はろう！

1 できた シール

〈文の 中の 「どんなだ」が わかる〉

「どんなだ」に あたる ことばを、（ ）に 書《か》きましょう。

(1) にもつが おもい。
（　　　　）

(2) かみの毛《け》が 長《なが》い。
（　　　　）

2 できた シール

〈文の 中の 「なんだ」が わかる〉

「なんだ」に あたる ことばを、（ ）に 書《か》きましょう。

(1) りんごは くだものだ。
（　　　　）

(2) ちょうや とんぼは 虫だ。
（　　　　）

3 できた シール

〈「何《なに》（だれ）が」「何《なに》を」「どのように」「どう する」の 形《かたち》の 文が 書《か》ける〉

絵《え》を 見て、つぎの 形《かたち》の 文を 作《つく》りましょう。

(1) 何《なに》が、 何《なに》を どう する。
（　　　　）

(2) だれが、 何《なに》を どのように どう する。
（　　　　）

(3) だれが、 何《なに》を どのように どう する。
（　　　　）

くもんの小学2年の総復習ドリル

算《さん》数《すう》教《きょう》科《か》書《しょ》対《たい》照《しょう》表《ひょう》

小学2年生

くもんの小学2年の総復習ドリル			教科書のページ					
回数	たんげん名	ページ	東京書籍 新しい算数 2	啓林館 わくわく算数 2	学校図書 みんなと学ぶ 小学校算数 2年	日本文教出版 小学算数 2年	教育出版 小学 算数 2	大日本図書 たのしい算数 2年
1	たし算(1)	58	上12～19 ,90～94	上24～27, 48～54, 102～104	上27～30, 35～41, 71～75	上14～24, 78～82	上22～30, 86～90	17～29, 98～103
2	たし算(2)	57						
3	ひき算(1)	56	上24～31, 95～99	上28～31, 55～59, 107～110	上32～34, 46～52, 78～82	上30～38, 83～86	上38～46, 91～95	33～43, 107～112
4	ひき算(2)	55						
5	たし算と ひき算(1)	54	上62～63, 100～101	上84～85, 111	上68, 76～84	上87～88	上90～95	113, 178
6	たし算と ひき算(2)	53	上20～21, 32～33, 85～88	上105, 118～120	上42～43, 53	上25～26, 39, 89～90	上31～32, 47, 78～79, 96～97	30～31, 44～45, 104～105
7	かけ算(1)	52	下2～47	下2～41, 70～77	下4～48	下6～54	下2～43, 56～63	129～144, 148～157
8	かけ算(2)	51						
9	かけ算(3)	50						
10	1000までの 数(1)	49	上52～61, 64～65	上76～83	上57～67	上64～72	上66～77	60～71
11	1000までの 数(2)	48						
12	10000までの 数(1)	47	下52～62	下90～96	下66～75	下64～76	下71～78	168～177
13	10000までの 数(2)	46						
14	分数	45	下82～89	下106～111	下50～56	下95～99	下90～96	199～204
15	ひょうと グラフ	44	上8～10	上10～15	上11～15	上10～12	上10～13	10～15
16	三角形と 四角形(1)	43	上104～113	下42～55	上118～130	上108～119	上114～127	117～126
17	三角形と 四角形(2)	42						
18	三角形と 四角形(3)	41						
19	はこの 形	40	下92～96	下98～103	下109～114	下88～93	下65～69	205～208
20	時こくと 時間	39	上79～83	上16～21	上18～24, 下60～62	上56～60	上15～20	86～92
21	長さ(1)	38	上39～48, 下66～71	上34～45, 下80～85	上90～101, 下80～84	上44～53 下56～60	上52～62, 下46～51	47～57, 158～163
22	長さ(2)	37						
23	長さ(3)	36						
24	かさ(たいせき)(1)	35	上68～75	上88～93	上106～114	上96～103	上102～110	77～84
25	かさ(たいせき)(2)	34						
26	たし算と ひき算(1)	33	上のたし算, ひき算のページにくわえて, 下74～79	上のたし算, ひき算のページにくわえて, 上64～73, 114～117 下58～61	上のたし算, ひき算のページにくわえて, 下90～103	上のたし算, ひき算のページにくわえて, 下80～84	上のたし算, ひき算のページにくわえて, 上82～85, 下83～88	上のたし算, ひき算のページにくわえて, 180～187
27	たし算と ひき算(2)	32						
28	たし算と ひき算(3)	31						
29	たし算と ひき算(4)	30						
30	かけ算	29	下2～47	下2～41	下4～48	下6～54	下2～43	129～144
31	かけ算と たし算・ひき算	28	下74～79	下2～41, 58～61	下4～48, 90～103	下6～54, 80～84	下2～43, 83～88	129～144, 180～187
32	時こくと 時間	27	上79～83	上16～21	上18～24, 下60～62	上56～60	上15～20	86～92

くもんの小《しょう》学《がく》ドリルシリーズとの対《たい》照《しょう》表《ひょう》

総復習《そうふくしゅう》ドリルをやってみて、さらに基《き》礎《そ》からしっかり学習《がくしゅう》したいときには、この表《ひょう》にある小学《しょうがく》ドリルで学習《がくしゅう》するとよいでしょう。

算数

くもんの小学2年の総復習ドリル 回	たんげん名	ページ	くもんの小学ドリル
1	たし算(1)	58	2年生のたし算
2	たし算(2)	57	2年生のたし算
3	ひき算(1)	56	2年生のひき算
4	ひき算(2)	55	2年生のひき算
5	たし算と　ひき算(1)	54	2年生のたし算　2年生のひき算
6	たし算と　ひき算(2)	53	2年生のたし算　2年生のひき算
7	かけ算(1)	52	2年生のかけ算(九九)
8	かけ算(2)	51	2年生のかけ算(九九)
9	かけ算(3)	50	2年生のかけ算(九九)
10	1000までの　数(1)	49	2年生の数・りょう・図形
11	1000までの　数(2)	48	2年生の数・りょう・図形
12	10000までの　数(1)	47	2年生の数・りょう・図形
13	10000までの　数(2)	46	2年生の数・りょう・図形
14	分数	45	2年生の数・りょう・図形
15	ひょうと　グラフ	44	2年生の数・りょう・図形
16	三角形と　四角形(1)	43	2年生の数・りょう・図形
17	三角形と　四角形(2)	42	2年生の数・りょう・図形
18	三角形と　四角形(3)	41	2年生の数・りょう・図形
19	はこの　形	40	2年生の数・りょう・図形
20	時こくと　時間	39	2年生の数・りょう・図形
21	長さ(1)	38	2年生の数・りょう・図形
22	長さ(2)	37	2年生の数・りょう・図形
23	長さ(3)	36	2年生の数・りょう・図形
24	かさ(たいせき)(1)	35	2年生の数・りょう・図形
25	かさ(たいせき)(2)	34	2年生の数・りょう・図形
26	たし算と　ひき算(1)	33	2年生の文章題
27	たし算と　ひき算(2)	32	2年生の文章題
28	たし算と　ひき算(3)	31	2年生の文章題
29	たし算と　ひき算(4)	30	2年生の文章題
30	かけ算	29	2年生の文章題
31	かけ算と　たし算・ひき算	28	2年生の文章題
32	時こくと　時間	27	2年生の文章題

国語

くもんの小学2年の総復習ドリル 回	たんげん名	ページ	くもんの小学ドリル
1	かん字の　かき	1	2年生のかん字
2	なかまの　かん字(1)	2	2年生のかん字
3	なかまの　かん字(2)	3	2年生のかん字
4	なかまの　かん字(3)	4	2年生のかん字
5	なかまの　かん字(4)	5	2年生のかん字
6	形の　にた　かん字	6	2年生のかん字
7	かん字の　くみ立て	7	2年生のかん字
8	かん字の　つかいかた(1)	8	2年生のかん字
9	かん字の　つかいかた(2)	9	2年生のかん字
10	おくりがなの　つく　かん字	10	2年生のかん字
11	かたかな(1)	11	2年生の言葉と文のきまり
12	かたかな(2)	12	2年生の言葉と文のきまり
13	はんたいの　いみの　ことば	13	2年生の言葉と文のきまり
14	ようすを　あらわす　ことば	14	2年生の言葉と文のきまり
15	文の　組み立て(1)	15	2年生の言葉と文のきまり
16	文の　組み立て(2)	16	2年生の言葉と文のきまり
17	丸・点・かぎ(1)	17	2年生の言葉と文のきまり
18	丸・点・かぎ(2)	18	2年生の言葉と文のきまり
19	ものがたりの　読みとり(1)	19	2年生の文しょうの読解
20	ものがたりの　読みとり(2)	20	2年生の文しょうの読解
21	せつ明文の　読みとり(1)	21	2年生の文しょうの読解
22	せつ明文の　読みとり(2)	22	2年生の文しょうの読解
23	作文(1)	23	2年生の言葉と文のきまり
24	作文(2)	24	2年生の言葉と文のきまり

17回《かい》 丸《まる》・点《てん》・かぎ(1)

学しゅう日　月　日

合《ごう》かくシール
ぜんもん 正かいに できたら 合《ごう》かくシールを はろう！

1 できたシール

つぎの 文しょうに、丸《まる》(。)を 三つずつ 書《か》きましょう。

〈丸《まる》(。)を 正しく つける ことが できる〉

(1)

　画用紙《がようし》に、クレヨンで
絵《え》を かきました ぼくは、
鳥《とり》の 絵《え》を かきました
弟《おとうと》は、魚《さかな》の 絵《え》を
かきました

(2)

　きょうは、妹《いもうと》の
たん生日でした 妹《いもうと》は 五才《さい》に
なりました みんなで
ケーキを 食《た》べて、
おいわいを しました

2 できたシール

つぎの 文に 点《てん》(、)を 一つずつ 書《か》きましょう。

〈点《てん》(、)を 正しく つける ことが できる〉

(1) 兄《あに》は 学校に 行《い》った。

(2) 母《はは》は 店《みせ》の 中に いる。

(3) きのう えい画《が》を 見ました。

(4) とても あついので まどを あけました。

(5) 家《いえ》に 帰《かえ》って 国語《こくご》の べん強《きょう》を した。

 できなかった ところは、もう いちど やって みましょう。正しく 直《なお》せたら **できたシール**を はりましょう。

18回《かい》 丸《まる》・点《てん》・かぎ(2)

学しゅう日　月　日

合《ごう》かくシール
ぜんもん 正かいに できたら 合《ごう》かくシールを はろう！

〈かぎ（「 」）を 正しく つける ことが できる〉　できたシール

1 つぎの 文に、かぎ（「 」）を ひと組《くみ》ずつ 書《か》きましょう。

(1) 友《とも》だちが、いっしょに あそぼう。と 言《い》いました。

(2) 公園《こうえん》へ 行《い》こう。と、妹《いもうと》が 言《い》った。

(3) おはようございます。と、先生が わたしたちに おっしゃいました。

(4) ねる とき、ぼくは、おやすみなさい。と 言《い》った。

〈いみに 合《あ》わせて、点《てん》（、）を つける ことが できる〉　できたシール

2 〈 〉の いみに なるように、点《てん》（、）を 一つずつ つけて、文を 書《か》きましょう。

(1) ぼくはしっている。

① 〈はしって いる。〉

② 〈しって いる。〉

(2) ここではきものをぬぐ。

① 〈はきものを ぬぐ。〉

② 〈きものを ぬぐ。〉

ものがたりの読《よ》みとり(1)

学しゅう日　月　日

合《ごう》かくシール　ぜんもん 正かいに できたら 合《ごう》かくシールを はろう！

つぎの □ の 文しょうを 読《よ》んで、もんだいに 答《こた》えましょう。

ぽかぽかと、日当《ひあ》たりの よい ＊しゃ面《めん》に つくられた あなの 中では、親《おや》子《こ》の ヒグマが、かれはの ベッドで 気もちよさそうに うとうとと。

母《かあ》さんぐまは ときどき 目を さまし、生まれたばかりの 子ぐまに おちちを のませます。

＊しゃ面《めん》…ななめに かたむいて いる 面《めん》。

（『こぐまの森』本田ちえこ〈偕成社〉より）

1 できたシール 〈「どこ」を 読《よ》みとる ことが できる〉

親《おや》子《こ》の ヒグマは、どこに すんで いますか。

［　　　　　　　　］

2 できたシール 〈ものの ようすを 読《よ》みとる ことが できる〉

親《おや》子《こ》の ヒグマが うとうと して ねて いる ベッドは、何《なに》で できて いますか。

［　　　　　　　　］

つぎの □ の 文しょうを 読《よ》んで、もんだいに 答《こた》えましょう。

しゅんすけは、お父《とう》さんと くらい 夜《よる》の 道《みち》を 歩《ある》きながら 言《い》いました。

「ずいぶん くらい 夜《よる》だね。」

しばらく すると、公園《こうえん》の ブランコに まあるい 月が いるのを 見つけました。しゅんすけは、かけよって

「ねえ、お空に 帰《かえ》って。」

と 言《い》いました。月は、

「ちえっ、せっかく あそんでたのに。」

と 言《い》って、空に かけあがりました。

3 できたシール 〈「何《なに》を」を 読《よ》みとる ことが できる〉

しゅんすけは、何《なに》を 見つけましたか。

［　　　　　　　　］

4 できたシール 〈人ぶつが した ことを 読《よ》みとる ことが できる〉

月は、何《なに》を して いましたか。

(1)（　　　　）に のって

(2)（　　　　）いた。

読解《どっかい》

20回《かい》 ものがたりの読《よ》みとり(2)

学しゅう日　月　日

合《ごう》かくシール
ぜんもん 正かいに できたら 合《ごう》かくシールを はろう！

つぎの□の 文しょうを 読《よ》んで、もんだいに 答《こた》えましょう。

「お母《かあ》さん、あれは なんの 音？」
「入り口の 雪《ゆき》が とけて、つららが できたの。その つららが、お日さまに てらされて とけて いるのよ。春《はる》が もう すぐ そこまで 来《き》て いるんだわ。」
「春《はる》？ 春《はる》って なあに？」
「春《はる》に なったら、外《そと》へ 出られるのよ。」
子ぐまたちは 毎日《まいにち》、外《そと》の せかいの ことを 母《かあ》さんぐまから 聞《き》きました。

（『こぐまの森』本田ちえこ〈偕成社〉より）

1 できたシール
〈だれが 言《い》った ことばかを 読《よ》みとる ことが できる〉

□の「　」は、だれが 言《い》った ことばですか。

（　　　　）

つぎの□の 文しょうを 読《よ》んで、もんだいに 答《こた》えましょう。

二年生の 夏《なつ》でした。さくら子は、母《かあ》さんに 聞《き》いて みました。
「わたしの 名前《なまえ》ね、どうして さくら子に なったの？」
「山の さくらの 木から もらった、さくら子よ。そうだ、この 夏休《なつやす》みに、あの さくらの 木に 会《あ》いに 行《い》って こようか、ね。」

（『さくら子のたんじょう日』宮川ひろ〈童心社〉より）

2 できたシール
〈人ぶつの する ことがらを 読《よ》みとる ことが できる〉

母《かあ》さんは、この 夏休《なつやす》みに 何《なに》を しようと 言《い》いましたか。

さくら子の 名前《なまえ》を もらった さくらの 木に （　　　　）。

21回《かい》 読解《どっかい》 せつ明文《めいぶん》の読《よ》みとり(1)

学しゅう日　月　日

合《ごう》かくシール
ぜんもん正かいに できたら合《ごう》かくシールを　はろう!

つぎの□の 文しょうを 読《よ》んで、もんだいに 答《こた》えましょう。

さばくは、あつくて 雨が 少《すく》ない ところです。さばくに いる ラクダには、せなかに こぶが あります。こぶの 中には、しぼうと いう えいようが たくさん たくわえられて います。この しぼうの おかげで、ラクダは 食《た》べものや 水が なくても、長《なが》い 間《あいだ》 生《い》きて いられるのです。

1 できたシール 〈何《なに》に ついて 書《か》かれた 文しょうかを 読《よ》みとる ことが できる〉

なんと いう どうぶつに ついて 書《か》かれて いますか。

[　　　　]

2 できたシール 〈書《か》かれて いる ことがらを くわしく 読《よ》みとる ことが できる〉

こぶの 中には、何《なに》が たくわえられて いるのですか。

[　　　　]

つぎの□の 文しょうを 読《よ》んで、もんだいに 答《こた》えましょう。

わたしたちの 口の 中には、「ミュータンスきん」と いう ばいきんが います。この ばいきんは、口の 中に 食《た》べものの かすが のこって いると、それを えさに して どんどん ふえて いきます。そして、歯《は》を とかして、虫歯《むしば》に して しまうのです。

3 できたシール 〈書《か》かれて いる ことがらを 正しく 読《よ》みとる ことが できる〉

(1)「ミュータンスきん」は、どこに いるのですか。

[　　　　]

(2)「ミュータンスきん」は、何《なに》を えさに して ふえるのですか。

[　　　　]

 できなかった ところは、もう いちど やって みましょう。正しく 直《なお》せたら **できたシール**を はりましょう。

22回《かい》 せつ明文《めいぶん》の読《よ》みとり(2)

学しゅう日　月　日

合《ごう》かくシール
ぜんもん 正かいに できたら 合《ごう》かくシールを はろう！

つぎの□の 文しょうを 読《よ》んで、もんだいに 答《こた》えましょう。

　クラゲの 体《からだ》に ついて いる、細長《ほそなが》い 足のような ものを「しょく手《しゅ》」と いいます。ここに、何《なに》かが ふれると、中から はりが とび出して きて、あいてを さす しくみに なって いるのです。

　クラゲに さされた ところは はれたりして、とても いたく なります。

（『かがくなぜどうして　二年生』久道健三〈偕成社〉より）

1　できたシール

〈だいじな ことがらを 読《よ》みとる ことが できる〉

「しょく手《しゅ》」は、どのような しくみに なって いますか。

何《なに》かが ふれると、中から
（　　　　　　　　　　）
しくみに なって いる。

つぎの□の 文しょうを 読《よ》んで、もんだいに 答《こた》えましょう。

　秋《あき》に なると、草や 木の実《み》が いっせいに 色《いろ》づきはじめます。色《いろ》づいたのは、中の たねが、じゅくした 合図《あいず》です。

　でも、このような 実《み》は、そのまま 土の 上に おちても めばえません。それは、たねを つつんで いる かわや 肉《にく》が、めばえを 止《と》める はたらきを して いるからです。たねを めばえさせる ためには、まず、実《み》の 肉《にく》を すっかり とりのぞかなければ なりません。その やく目を して くれるのが 野《や》鳥《ちょう》たちです。

（『科学のアルバム　たねのゆくえ』埴　沙萠〈あかね書房〉より）

2　できたシール

〈理《り》ゆうを 正しく 読《よ》みとる ことが できる〉

じゅくした 実《み》が、そのまま 土の 上に おちても めばえないのは、どうしてですか。

（　　　　　　　　　　）

23回《かい》 作文《さくぶん》(1)

学しゅう日　月　日

合《ご》かくシール
ぜんもん 正かいに できたら 合《ごう》かくシールを はろう！

1 できたシール

〈「何《なに》が」を 入れた 文が 書《か》ける〉

絵《え》を 見て、「何《なに》が」を 書《か》きましょう。

(1)

(2)

(1) □が、えさを 食《た》べる。

(2) □が、水の 中を およぐ。

2 できたシール

〈「何《なに》を」を 入れた 文が 書《か》ける〉

絵《え》を 見て、「何《なに》を」を 書《か》きましょう。

(1)

(2)

▲ハンカチ

(1) 犬が、□を おいかける。

(2) 女の子が、□を ひろう。

3 できたシール

〈「どこで」を 入れた 文が 書《か》ける〉

絵《え》を 見て、「どこで」を 書《か》きましょう。

(1)

(2)

(1) 男の子が、□で ざりがにを とる。

(2) 女の子が、□で 花を つむ。

4 できたシール

〈「何《なに》が」「何《なに》を」を 入れた 形《かたち》の 文が 書《か》ける〉

絵《え》を 見て、□に 合《あ》う ことばを 考《かんが》えて 書《か》きましょう。

(1) おりの 中で、□（◀何《なに》）が、

(2) □（◀何《なに》）を 食《た》べて いる。

できなかった ところは、もう いちど やって みましょう。正しく 直《なお》せたら **できたシール**を はりましょう。

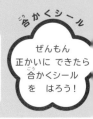

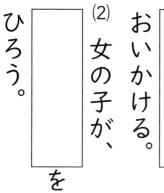

24回《かい》 作文《さくぶん》(2)

学しゅう日
月 日

合《ごう》かくシール
ぜんもん 正かいに できたら 合《ごう》かくシール を はろう！

1

できた シール

〈「何《なに》（だれ）が」「どう する」の 形《かたち》の 文が 書《か》ける〉

絵《え》を 見て、「何《なに》（だれ）が」「どう する」が わかる 文を 作《つく》りましょう。

(1)

(2)

(3)

(1) ねこが、

(2) こいが、

(3)

2

できた シール

〈「何《なに》（だれ）が（は）」「どう した」の 形《かたち》を つかった 文しょうが 書《か》ける〉

絵《え》を 見て、文しょうの つづきを 作《つく》りましょう。

(1)

(2)

(1) 女の子が、花だんに水をやった。
すると、

(2) 男の子が、紙ひこうきを作って とばした。

国語《こくご》 しあげテスト

学しゅう日　　月　　日

とく点《てん》　　点《てん》

合《ごう》かくシール
ぜんもん 正かいに できたら 合《ごう》かくシールを はろう！

つぎの □ の 文しょうを 読《よ》んで、もんだいに 答《こた》えましょう。

　歯《は》は、生まれて 六か月くらいから 生えて きて、二さいから 三さいくらいで そろいます。この 歯《は》を、「にゅう歯《し》」と いいます。全部《ぜんぶ》で 二十本 あります。三さいでは、まだ ①からだは とても 小さいですよね。にゅう歯《し》は、小さな 子どもの あごに ぴったりと はまるように、小さな 歯《は》なのです。

　せが のびて、からだが 大きく なると、あごも ずっと 大きく なります。

　小さな にゅう歯《し》では、大きな あごに ②あいません。だから、ぬけて 大人《おとな》の 大きな 歯《は》に かわるのです。大人《おとな》の 歯《は》を 「えいきゅう歯《し》」と いいます。

　にゅう歯《し》の 下には、えいきゅう歯《し》が よういされて います。にゅう歯《し》が ぬけたら、えいきゅう歯《し》が 出て くるのです。

（『10分で読めるわくわく科学小学１・２年』監修／荒保宏〈成美堂出版〉より）

1　――①・②を かん字で 書きましょう。（一つ10点《てん》）
①（　　）　②（　　）

2　歯《は》は いつから 生えて きますか。（15点《てん》）
（　　）くらいから。

3　二さいから 三さいくらいで そろう 歯《は》を なんと いいますか。（15点《てん》）
［　　］

4　にゅう歯《し》は 全部《ぜんぶ》で 何本《なんぼん》 ありますか。（15点《てん》）
［　　］

5　からだが 大きく なると、何《なに》が 大きく なりますか。（15点《てん》）
［　　］

6　あごに あわなく なった にゅう歯《し》が ぬけると、どう なりますか。（20点《てん》）
［にゅう歯《し》の 下に よういされて いる（　　）。］

算数《さんすう》 しあげテスト

学しゅう日　　月　　日

とく点《てん》　　点《てん》

合《ごう》かくシール

ぜんもん 正かいに できたら 合《ごう》かくシール を はろう!

1 計算《けいさん》を　しましょう。　（1つ　5点《てん》）

① $9 \times 8 =$　　② $3 \times 5 =$　　③ $7 \times 9 =$

④ $\begin{array}{r} 28 \\ +\ 63 \\ \hline \end{array}$　　⑤ $\begin{array}{r} 52 \\ +\ 78 \\ \hline \end{array}$　　⑥ $\begin{array}{r} 94 \\ -\ 89 \\ \hline \end{array}$　　⑦ $\begin{array}{r} 151 \\ -\ \ 53 \\ \hline \end{array}$

2 下の　ものさしの　左はしから　↓までの　長《なが》さは　何《なん》cm 何《なん》mm ですか。□に　書《か》きましょう。　（1つ　6点《てん》）

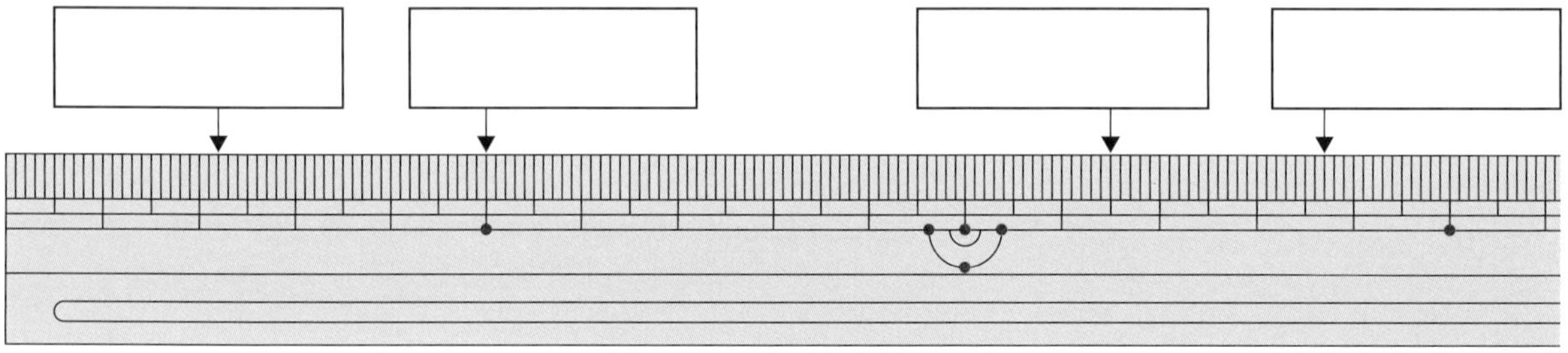

3 下の　あ～こから　三角形《さんかくけい》，四角形《しかくけい》を　すべて　えらんで，きごうで　答《こた》えましょう。　（ぜんぶ できて　1つ　7点《てん》）

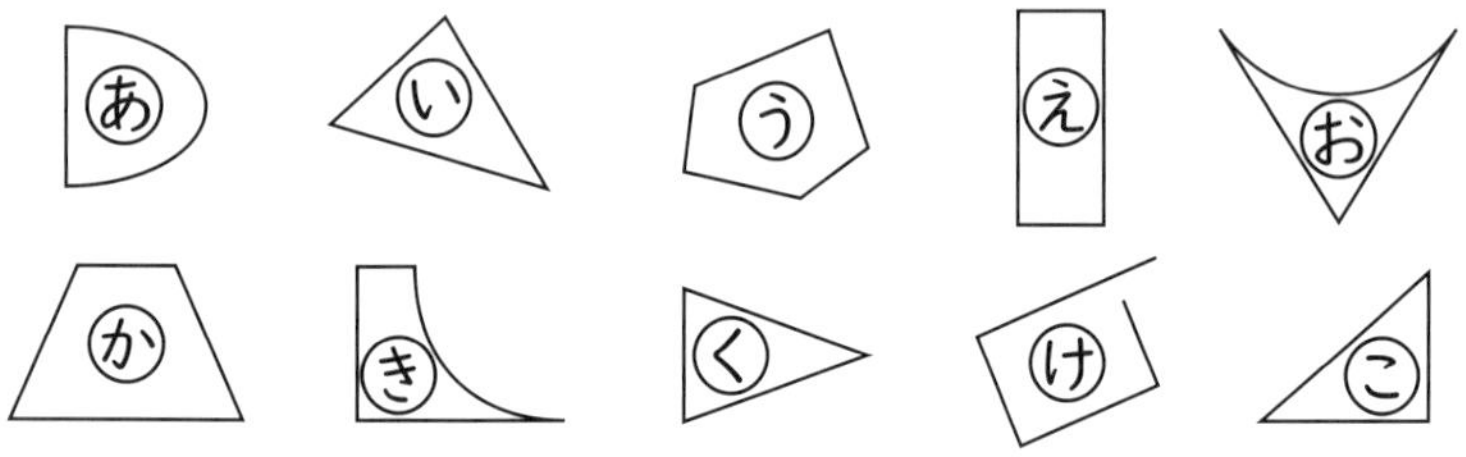

三角形《さんかくけい》（　　　　）

四角形《しかくけい》（　　　　）

4 つぎの　時《じ》こくを，午前《ごぜん》，午後《ごご》を　つけて　書《か》きましょう。　（1つ　5点《てん》）

① 夕方《ゆうがた》

② 朝《あさ》

③ 昼《ひる》

（　　　　）（　　　　）（　　　　）

5 1はこ　5こ入りの　りんごを　3はこ　もらいました。3こ　食《た》べると，のこりは　何《なん》こに　なりますか。　（12点《てん》）

しき

答《こた》え

32回《かい》 時《じ》こくと 時間《じかん》

学しゅう日　　月　　日

合《ごう》かくシール
ぜんもん 正かいに できたら 合《ごう》かくシール を はろう！

できた シール 〈時間《じかん》を もとめる （何分間《なんぷんかん》）〉

1 こうきさんは，午前《ごぜん》９時《じ》10分《ぷん》に 家《いえ》を 出て，午前《ごぜん》９時《じ》25分《ふん》に えきに つきました。家《いえ》から えきまで かかった 時間《じかん》は 何分《なんぷん》ですか。

（　　　　）

できた シール 〈時間《じかん》を もとめる （何時間《なんじかん》）〉

2 ほのかさんは，午後《ごご》４時《じ》30分《ぷん》から 午後《ごご》５時《じ》30分《ぷん》まで 公《こう》園《えん》で あそびました。公園《こうえん》で あそんだ 時間《じかん》は 何時間《なんじかん》ですか。

（　　　　）

できた シール 〈時《じ》こくを もとめる〉

3 右の 時計《とけい》を 見《み》て，つぎの 時《じ》こくを 書《か》きましょう。

今《いま》の 時《じ》こく

（午《ご》　後《ご》）

① １時間前《じかんまえ》（　　　　）

② １時間後《じかんあと》（　　　　）

できた シール 〈何分後《なんぷんあと》の 時《じ》こくを もとめる〉

4 いちかさんは，午前《ごぜん》９時《じ》35分《ふん》から 25分《ふん》 本を 読《よ》みました。いちかさんが 本を 読《よ》みおわった 時《じ》こくを 書《か》きましょう。

（　　　　）

できた シール 〈何分前《なんぷんまえ》の 時《じ》こくを もとめる〉

5 ひなたさんの 家《いえ》から 公園《こうえん》まで，歩《ある》いて 15分《ふん》 かかります。午後《ごご》３時《じ》に 公園《こうえん》に つくには，家《いえ》を 午後何時何分《ごごなんじなんぷん》に 出れば よいですか。

（　　　　）

31回《かい》 かけ算《ざん》と　たし算《ざん》・ひき算《ざん》

学しゅう日　　月　　日

合《ごう》かくシール
ぜんもん 正かいに できたら 合《ごう》かくシールを はろう！

できたシール 〈かけ算《ざん》と　たし算《ざん》を　図《ず》に　あらわす〉

1 Ｉまい　７円の　画用紙《がようし》を　３まいと，40円の　えんぴつを　Ｉ本　買《か》いました。ぜんぶの　だい金を　あらわす　つぎの　図《ず》の　□に　あてはまる　数《かず》を　書《か》きましょう。

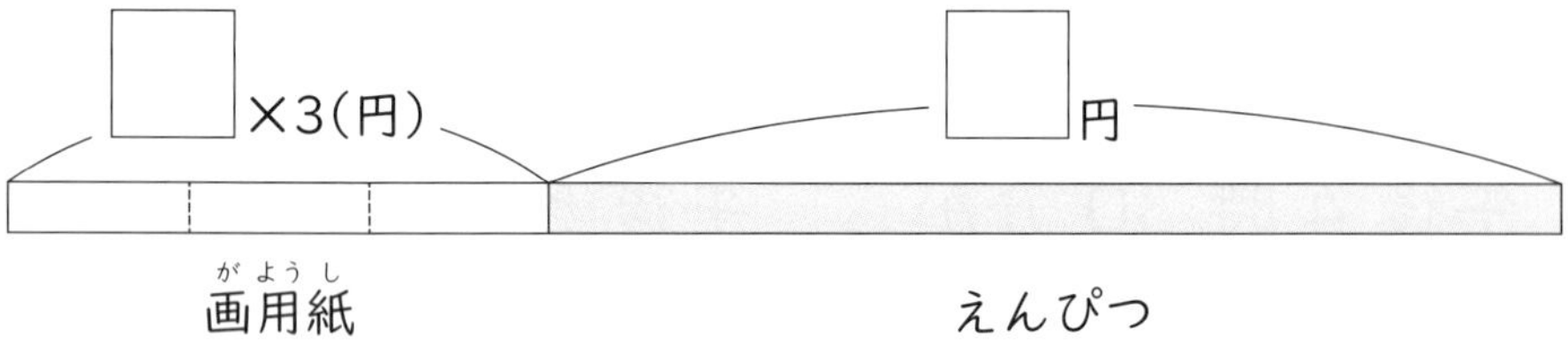

できたシール 〈かけ算《ざん》と　たし算《ざん》の　文しょうだい〉

2 Ｉこ　８円の　あめを　６こと，50円の　ガムを　Ｉつ　買《か》いました。ぜんぶで　何《なん》円ですか。

しき

答《こた》え

できたシール 〈かけ算《ざん》と　ひき算《ざん》の　文しょうだい〉

3 ６まい入りの　ガムを　３つ　もって　います。７まい　弟《おとうと》に　あげると，のこりは　何《なん》まいに　なりますか。

しき

答《こた》え

できたシール 〈かけ算《ざん》を　つかった　文しょうだい〉

4 おはじきの　数《かず》を　かけ算《ざん》で　もとめましょう。

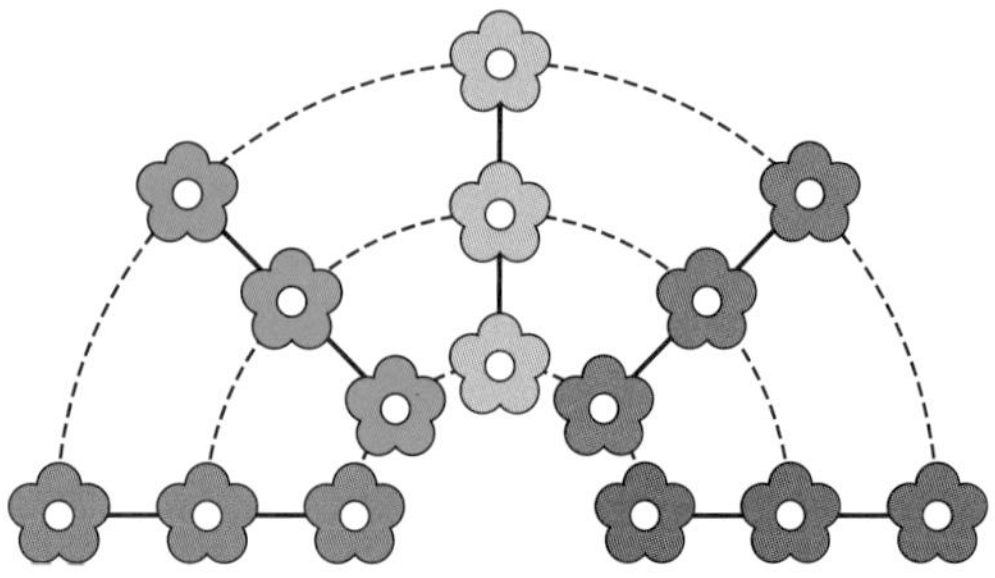

しき

答《こた》え

30 回《かい》 かけ算《ざん》

学しゅう日
月　　日

合《ごう》かくシール
ぜんもん
正かいに できたら
合《ごう》かくシール
を はろう！

できたシール 〈文しょうから　かけ算《ざん》の　しきを　つくる〉

1 みかんが　3こずつ　のった　さらが　5さら　あります。ぜんぶの　みかんの　数《かず》を　もとめる　つぎの　しきの　□に　あてはまる　数《かず》を　書《か》きましょう。

しき　□×□

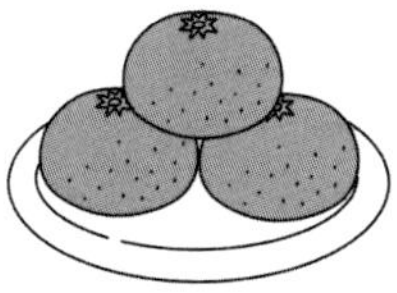

できたシール 〈文しょうから　ばいを　つかった　しきを　つくる〉

2 りんごが　6こ　あります。みかんの　数《かず》は，りんごの　数《かず》の　2ばい　あるそうです。みかんの　数《かず》を　もとめる　つぎの　しきの　□に　あてはまる　数《かず》を　書《か》きましょう。

しき　□×□

できたシール 〈かけ算《ざん》の　文しょうだい〉

3 えんぴつを　1人《ひとり》に　4本ずつ　くばります。7人に　くばるには，えんぴつは　ぜんぶで　何本《なん》　あれば　よいですか。

しき

答《こた》え

できたシール 〈ばいを　かける　文しょうだい〉

4 赤い　色紙《いろがみ》が　8まい　あります。青い　色紙《いろがみ》は　赤い　色紙《いろがみ》の　3ばい　あるそうです。青い　色紙《いろがみ》は　何《なん》まい　ありますか。

しき

答《こた》え

29 回《かい》 たし算《ざん》と　ひき算《ざん》(4)

学しゅう日　月　日

合《ごう》かくシール
ぜんもん 正かいに できたら 合《ごう》かくシール を はろう！

できた シール　〈たし算《ざん》の　文しょうだいを　とく〉

1　ちゅう車じょうに，バスが　9 台《だい》　とまって　いました。そこへ　13 台《だい》　きました。また　7 台《だい》　きました。

①　バスは　何台《なんだい》　ふえましたか。

しき

答《こた》え

②　バスは　ぜんぶで　何台《なんだい》に　なりましたか。

しき

答《こた》え

できた シール　〈たし算《ざん》と　ひき算《ざん》の　文しょうだいを　とく〉

2　シールを　40 まい　もって　います。妹《いもうと》に　6 まい，弟《おとうと》に　8 まい　あげました。

①　あげた　シールの　数《かず》は　何《なん》まいですか。

しき

答《こた》え

②　シールは　何《なん》まい　のこって　いますか。

しき

答《こた》え

できた シール　〈1 つの　しきに　あらわして　文しょうだいを　とく〉

3　さくらさんは　赤い　おはじきを　25 こ，青い　おはじきを　16 こ　もって　います。青い　おはじきを　14 こ　もらいました。おはじきは　ぜんぶで　何《なん》こに　なりましたか。1 つの　しきに　あらわして　もとめましょう。

しき

答《こた》え

算《さん》数《すう》

文しょうだい

28 回《かい》 たし算《ざん》と　ひき算《ざん》(3)

学しゅう日　　月　　日

合《ごう》かくシール
ぜんもん 正かいに できたら 合《ごう》かくシール を はろう！

できたシール　〈はじめの　数《かず》を　たし算《ざん》で　もとめる〉

1 はるとさんは　色紙《いろがみ》を　妹《いもうと》に　４まい　あげたので，のこりが　７まいに　なりました。はるとさんは　はじめに　色紙《いろがみ》を　何《なん》まい　もって　いましたか。

しき

答《こた》え

できたシール　〈はじめの　数《かず》を　ひき算《ざん》で　もとめる〉

2 バスに　おきゃくさんが　６人　のって　きたので，ぜんぶで　14人に　なりました。バスには　はじめ　おきゃくさんが　何《なん》人　のって　いましたか。

しき

答《こた》え

できたシール　〈ふえた　数《かず》を　ひき算《ざん》で　もとめる〉

3 公園《こうえん》で　子どもが　15人　あそんで　います。そこへ　何《なん》人か　きたので，子どもは　ぜんぶで　20人に　なりました。あとから　きた　子どもは　何《なん》人ですか。

しき

答《こた》え

できたシール　〈へった　数《かず》を　ひき算《ざん》で　もとめる〉

4 はとが　24わ　いました。そのうち　何《なん》わか　とんで　いったので，のこりが　８わに　なりました。とんで　いった　はとは　何《なん》わですか。

しき

答《こた》え

できなかった　ところは、もう　いちど　やって　みましょう。正しく　直《なお》せたら　**できたシール**を　はりましょう。

27回《かい》 たし算《ざん》と　ひき算《ざん》(2)

学しゅう日　　月　　日

合《ごう》かくシール
ぜんもん 正かいに できたら 合《ごう》かくシール を はろう！

できたシール〈多《おお》い　数《かず》を　図《ず》に　あらわす〉

1 ももが　12こ　あります。ももは，なしより　3こ　多《おお》いそうです。つぎの　図《ず》の　□に　あてはまる　数《かず》を　書《か》きましょう。

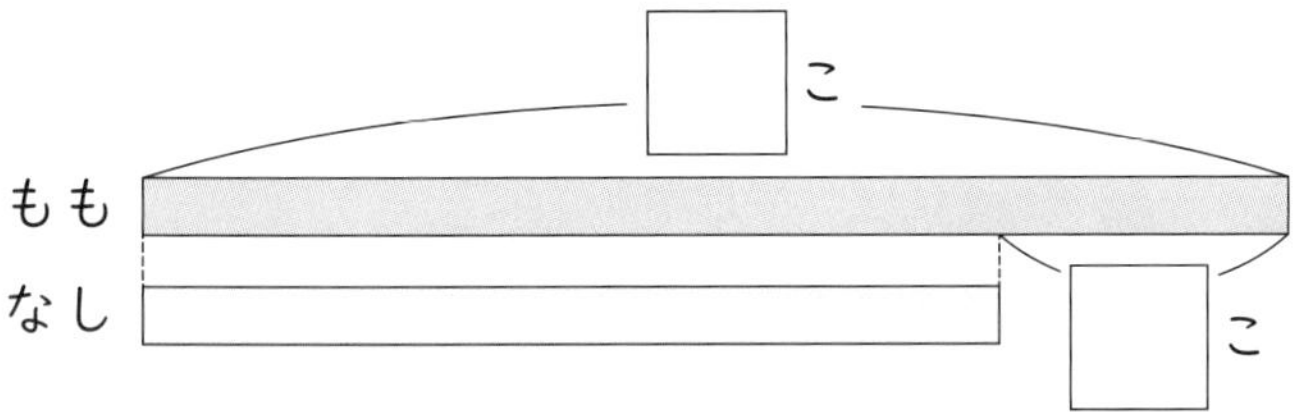

できたシール〈少《すく》ない　数《かず》を　図《ず》に　あらわす〉

2 おとなが　9人　います。おとなは，子どもより　3人　少《すく》ないそうです。つぎの　図《ず》の　□に　あてはまる　数《かず》を　書《か》きましょう。

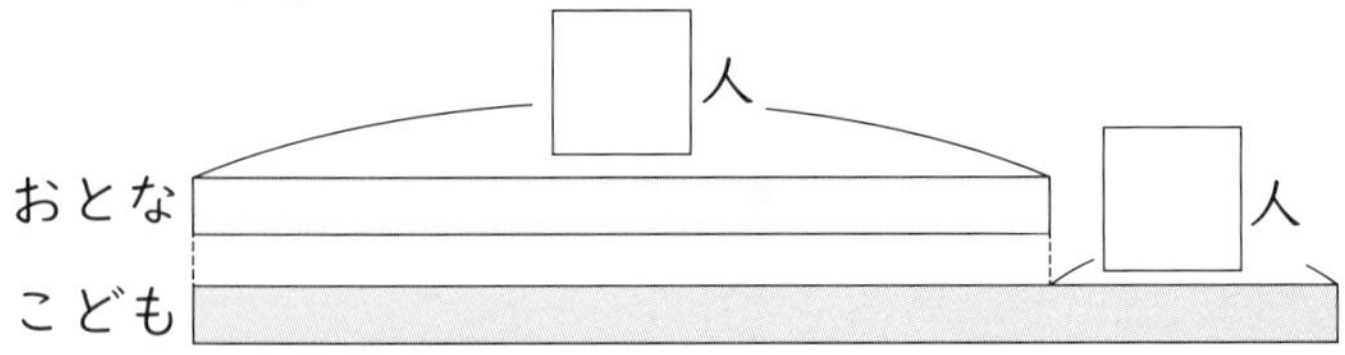

できたシール〈多《おお》い　数《かず》を　ひく　文しょうだい〉

3 えんぴつは　70円です。えんぴつは，けしゴムより　15円　高《たか》いそうです。けしゴムは　何《なん》円ですか。

しき

答《こた》え

できたシール〈少《すく》ない　数《かず》を　たす　文しょうだい〉

4 赤い　色紙《いろがみ》が　18まい　あります。赤い　色紙《いろがみ》は，青い　色紙《いろがみ》より　7まい　少《すく》ないそうです。青い　色紙《いろがみ》は　何《なん》まい　ありますか。

しき

答《こた》え

26回《かい》 たし算《ざん》と　ひき算《ざん》(1)

学しゅう日　　月　　日

合《ごう》かくシール
ぜんもん 正かいに できたら 合《ごう》かくシールを はろう！

できたシール 〈文しょうから　たし算《ざん》の　しきを　つくる〉

1 赤い　花が　24 本，白い　花が　15 本　あります。ぜんぶの　花の　数《かず》を　もとめる　つぎの　しきの　□に　あてはまる　数《かず》を　書《か》きましょう。

しき　□＋□

できたシール 〈文しょうから　ひき算《ざん》の　しきを　つくる〉

2 赤い　おはじきが　25 こ，青い　おはじきが　17 こ　あります。おはじきの　数《かず》の　ちがいを　もとめる　つぎの　しきの　□に　あてはまる　数《かず》を　書《か》きましょう。

しき　□－□

できたシール 〈たし算《ざん》の　文しょうだいを　とく〉

3 ゆうなさんは　色紙《いろがみ》を　28 まい　もって　います。今日《きょう》　お姉《ねえ》さんから　7 まい　もらいました。色紙《いろがみ》は　ぜんぶで　何《なん》まいに　なりましたか。

しき

答《こた》え

できたシール 〈ひき算《ざん》の　文しょうだいを　とく〉

4 公園《こうえん》で　はとが　32 わ　えさを　食《た》べて　います。そのうち　9 わが　とんで　いきました。はとは　何《なん》わ　のこって　いますか。

しき

答《こた》え

25回《かい》 かさ(たいせき)(2)

学しゅう日
月　日

合《ごう》かくシール
ぜんもん 正かいに できたら 合《ごう》かくシール を はろう！

できたシール 〈かさの　大小〉

1 かさの　多《おお》い　じゅんに　1，2，3と　(　)に　かきましょう。

① 4dL　4L　14dL
(　)(　)(　)

② 2L　1L8dL　19dL
(　)(　)(　)

③ 300mL　2dL　1L
(　)(　)(　)

④ 1500mL　17dL　1L
(　)(　)(　)

できたシール 〈たんいの　くり上がりが　ない　たし算《ざん》〉

2 つぎの　計算《けいさん》を　しましょう。

① 1L5dL＋2L
＝

② 2L1dL＋6dL
＝

できたシール 〈たんいの　くり上がりが　ある　たし算《ざん》〉

3 つぎの　計算《けいさん》を　しましょう。

① 1L4dL＋9dL
＝

② 7L5dL＋2L7dL
＝

できたシール 〈たんいの　くり下がりが　ない　ひき算《ざん》〉

4 つぎの　計算《けいさん》を　しましょう。

① 6L8dL－1L
＝

② 4L3dL－2dL
＝

できたシール 〈たんいの　くり下がりが　ある　ひき算《ざん》〉

5 つぎの　計算《けいさん》を　しましょう。

① 2L1dL－6dL
＝

② 5L－1L7dL
＝

かさ（たいせき）(1)

できたシール〈かさを　あらわす　たんい〉

1 かさを　あらわす　たんいを，［　］から　ぜんぶ　えらんで，㋐〜㋔の　きごうで　答《こた》えましょう。

㋐ cm　㋑ L　㋒ mL　㋓ m　㋔ dL　（　　　　）

できたシール〈かさを　dL で　あらわす〉

2 つぎの　水の　かさは，ぜんぶで　何《なん》 dL ですか。

① 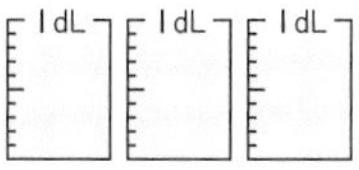

（　　　　）

② 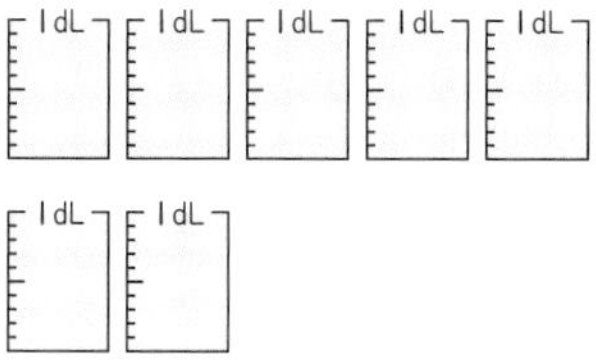

（　　　　）

できたシール〈かさを　L で　あらわす〉

3 つぎの　水の　かさは，ぜんぶで　何《なん》 L ですか。

① 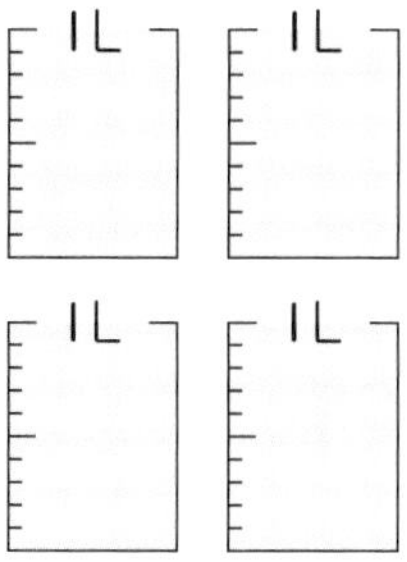

（　　　　）

② 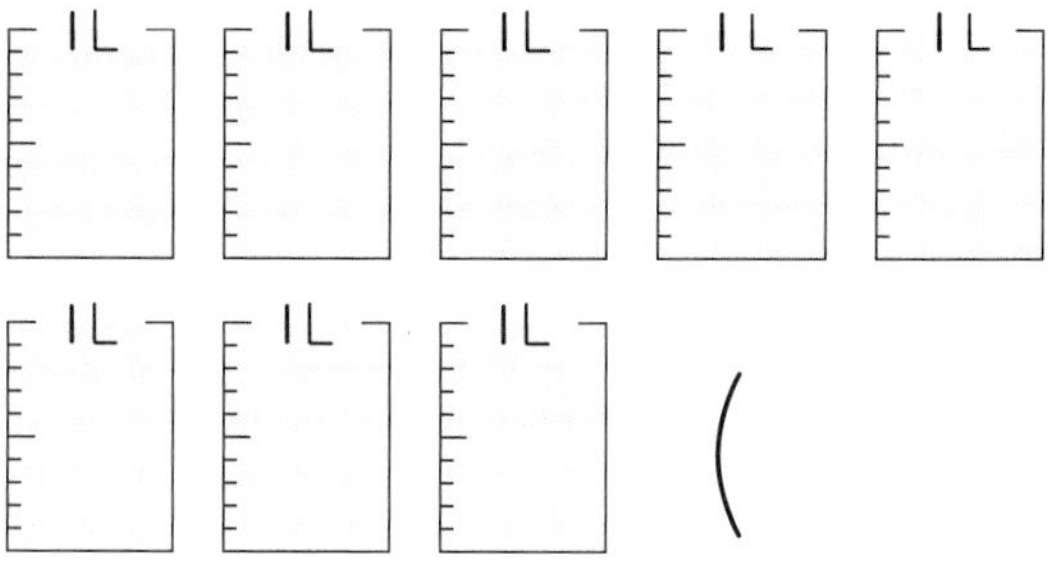

（　　　　）

できたシール〈かさを　L と　dL で　あらわす〉

4 つぎの　水の　かさは，ぜんぶで　何《なん》 L 何《なん》 dL ですか。

① 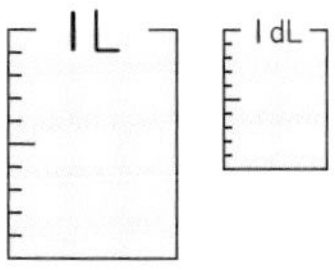

（　　　　）

② 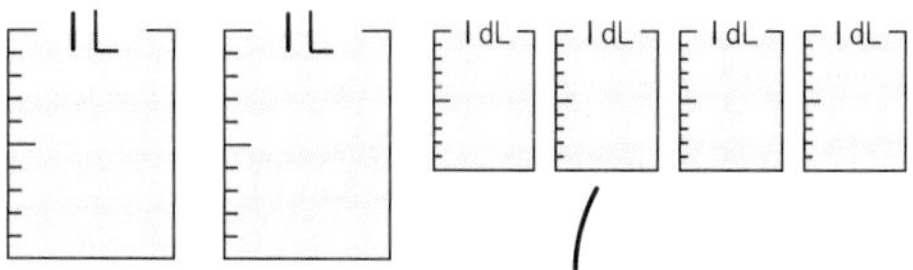

（　　　　）

できたシール〈L と　dL，mL〉

5 つぎの　□に　あてはまる　数《かず》を　書《か》きましょう。

① 1 L ＝ □ dL　② 1 L 3 dL ＝ □ dL

③ 1 dL ＝ □ mL　④ 1 L ＝ □ mL

　できなかった　ところは、もう　いちど　やって　みましょう。正しく　直《なお》せたら　**できたシール**を　はりましょう。

23回《かい》 長《なが》さ(3)

学しゅう日　　月　　日

合《ごう》かくシール
ぜんもん 正かいに できたら 合《ごう》かくシール を はろう！

できたシール 〈cm，mm の 大小〉

1 つぎの □に あてはまる ＞，＜を 書《か》きましょう。

① 1cm □ 8mm　　② 2cm5mm □ 27mm

できたシール 〈m，cm の 大小〉

2 つぎの □に あてはまる ＞，＜を 書《か》きましょう。

① 90cm □ 1m　　② 305cm □ 3m10cm

できたシール 〈たんいの くり上がりが ない 長《なが》さの たし算《ざん》〉

3 つぎの 計算《けいさん》を しましょう。

① 2cm5mm＋4cm
＝

② 1m40cm＋30cm
＝

できたシール 〈たんいの くり上がりが ある 長《なが》さの たし算《ざん》〉

4 つぎの 計算《けいさん》を しましょう。

① 3cm6mm＋5mm
＝

② 1m80cm＋40cm
＝

できたシール 〈たんいの くり下がりが ない 長《なが》さの ひき算《ざん》〉

5 つぎの 計算《けいさん》を しましょう。

① 7cm5mm－3cm
＝

② 1m30cm－1m8cm
＝

できたシール 〈たんいの くり下がりが ある 長《なが》さの ひき算《ざん》〉

6 つぎの 計算《けいさん》を しましょう。

① 5cm－3cm4mm
＝

② 2m10cm－50cm
＝

長《なが》さ(2)

学しゅう日　月　日

合《ごう》かくシール
ぜんもん 正かいに できたら 合《ごう》かくシールを はろう！

できたシール〈何《なん》cm 何《なん》mm か　目もりを　読《よ》む〉

1 下の　ものさしの　左はしから　↓までの　長《なが》さは　何《なん》cm 何《なん》mm ですか。□に　書《か》きましょう。

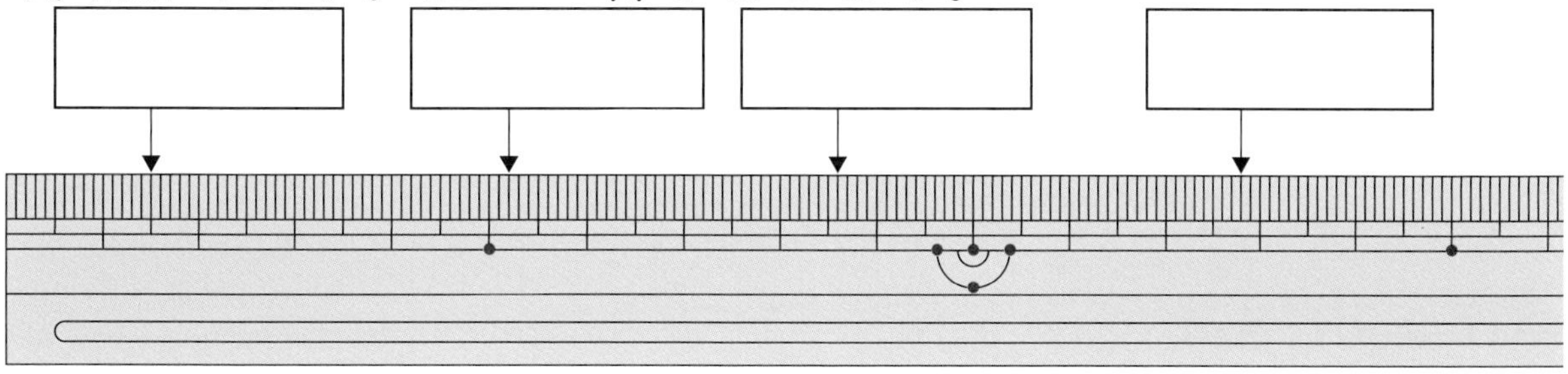

できたシール〈cm と　mm で　長《なが》さを　あらわす〉

2 下の　テープの　長《なが》さは　何《なん》cm 何《なん》mm ですか。

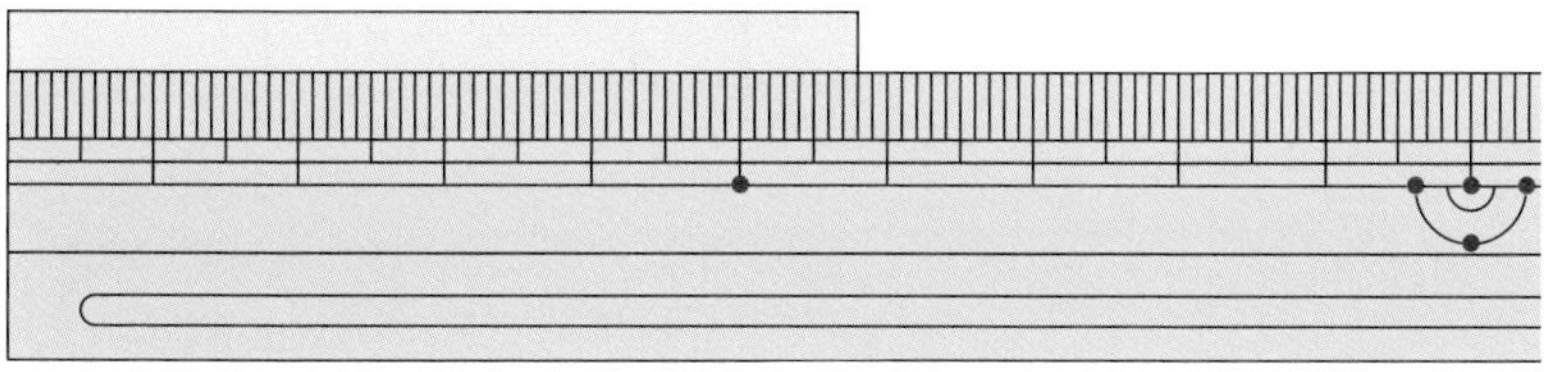

(　　　　)

できたシール〈長《なが》さを　はかる〉

3 下の　直線《ちょくせん》の　長《なが》さを　はかりましょう。

(　　　　)

できたシール〈cm と　mm の　かんけい〉

4 つぎの　□に　あてはまる　数《かず》を　書《か》きましょう。

① 1cm＝□mm　　② 1cm5mm＝□mm

③ 10mm＝□cm　　④ 23mm＝□cm□mm

できたシール〈m と　cm の　かんけい〉

5 つぎの　□に　あてはまる　数《かず》を　書《か》きましょう。

① 1m＝□cm　　② 1m20cm＝□cm

③ 100cm＝□m　　④ 150cm＝□m□cm

21回《かい》 長《なが》さ(1)

学しゅう日 月 日

合《ごう》かくシール
ぜんもん 正かいに できたら 合《ごう》かくシール を はろう！

できたシール 〈長《なが》さの たんい〉

1 ( )に あてはまる 長《なが》さの たんいを 書《か》きましょう。

① 教科書《きょうかしょ》の あつさは 5( )

② ろうかの 長《なが》さは 25( )

③ ノートの よこの 長《なが》さは 20( )

できたシール 〈cm の 目もりを 読《よ》む〉

2 下の ものさしの 左はしから ↓までの 長《なが》さは 何《なん》cm ですか。□に 書《か》きましょう。

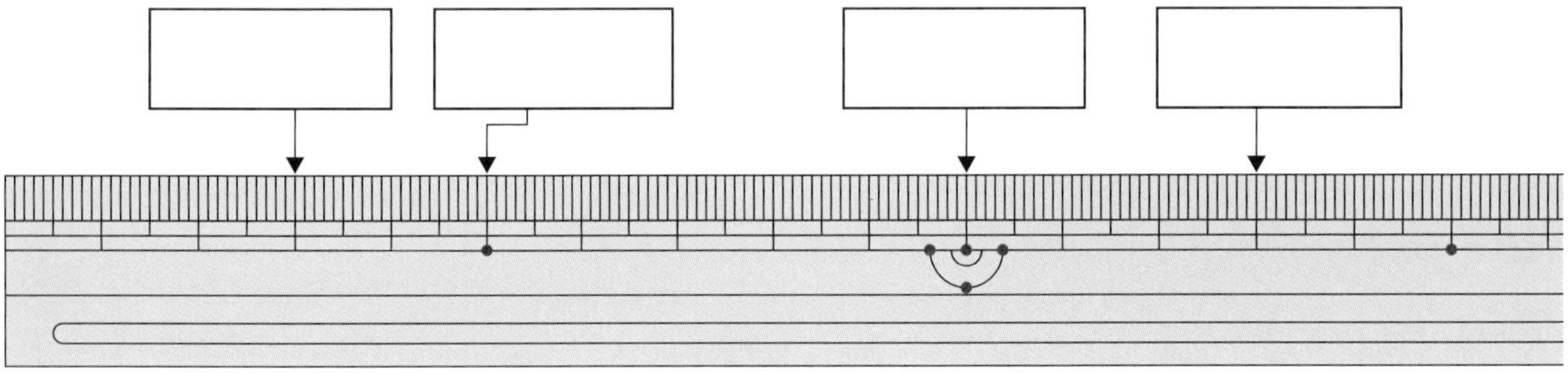

できたシール 〈cm で 長《なが》さを あらわす〉

3 下の テープの 長《なが》さは 何《なん》cm ですか。

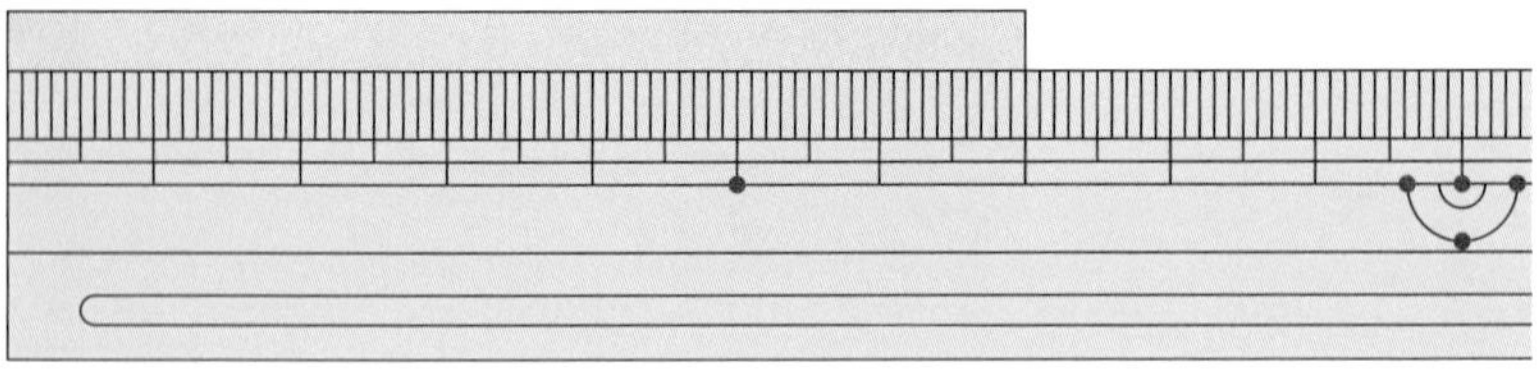

( )

できたシール 〈mm の 目もりを 読《よ》む〉

4 下の ものさしの 左はしから ↓までの 長《なが》さは 何《なん》mm ですか。□に 書《か》きましょう。

①

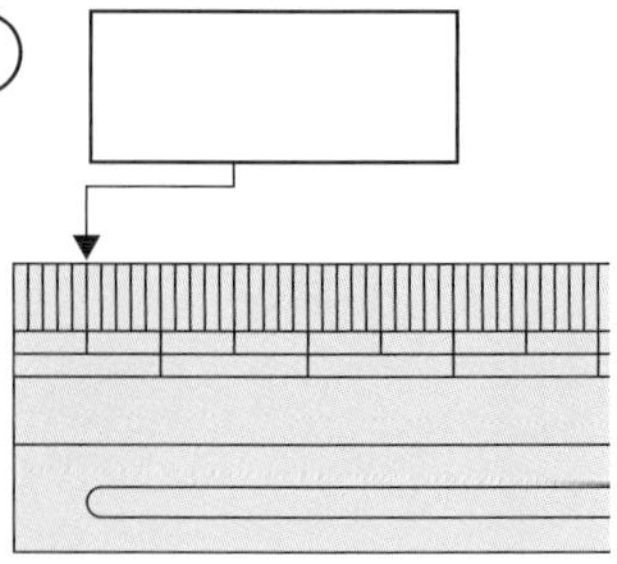

②

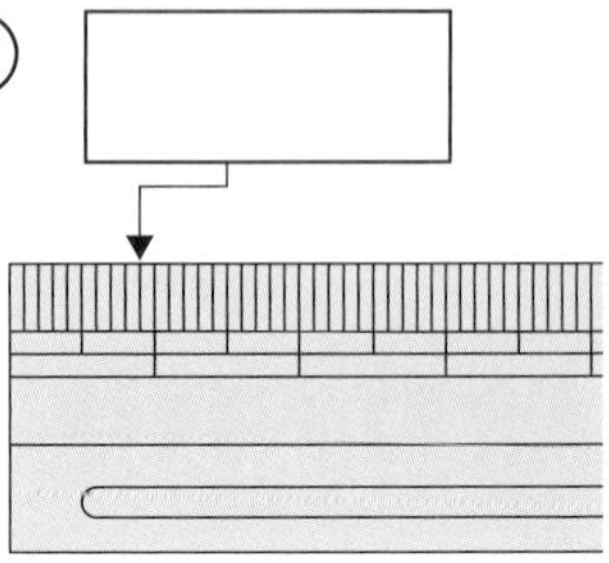

③

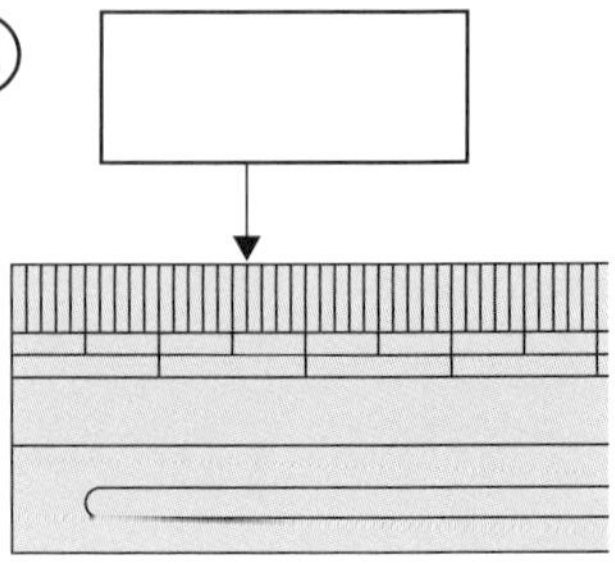

そくてい

20回《かい》 時《じ》こくと　時間《じかん》

学しゅう日　　月　　日

合《ごう》かくシール
ぜんもん
正かいに できたら
合《ごう》かくシール
を はろう！

できたシール　〈時間《じかん》〉

1 つぎの　□に　あてはまる　数《かず》を　書《か》きましょう。

① 時計《とけい》の　長《なが》い　はりが　１目もり　うごく
時間《じかん》は □ 分《ぷん》です。

② 時計《とけい》の　長《なが》い　はりが　１まわりする　時間《じかん》
は □ 分《ぷん》です。

③ １時間《じかん》＝□分《ぷん》です。

④ １日は　午前《ごぜん》が □ 時間《じかん》，午後《ごご》が □ 時間《じかん》です。

⑤ １日＝□時間《じかん》です。

できたシール　〈午前《ごぜん》，午後《ごご》（図《ず》を　見《み》て）〉

2 つぎの　あ～うの　時《じ》こくを，午前《ごぜん》，午後《ごご》を　つけて　書《か》きましょう。

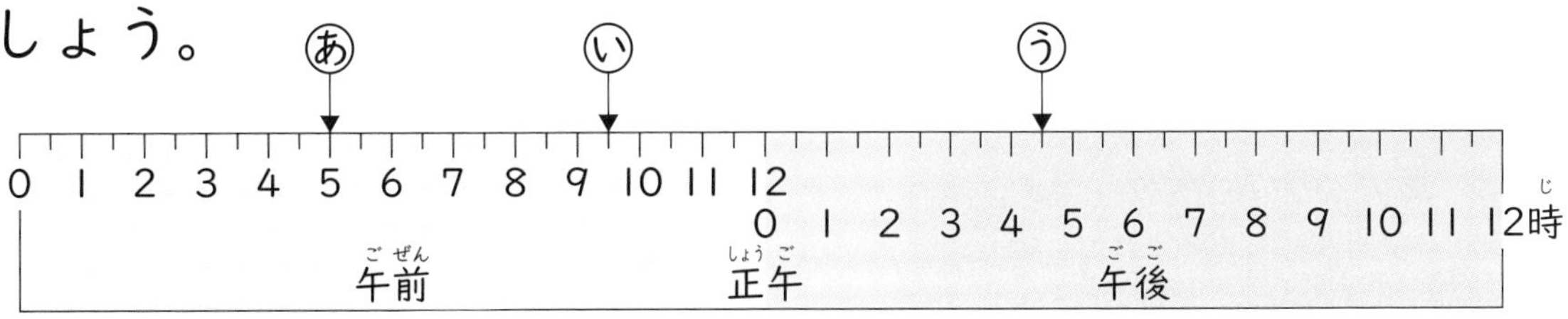

あ（　　　）　い（　　　）　う（　　　）

できたシール　〈午前《ごぜん》，午後《ごご》（時計《とけい》を　見《み》て）〉

3 つぎの　時《じ》こくを，午前《ごぜん》，午後《ごご》を　つけて　書《か》きましょう。

① 朝《あさ》　② 昼《ひる》　③ 夕方《ゆうがた》

（　　　）　（　　　）　（　　　）

　できなかった　ところは、もう　いちど　やって　みましょう。正しく　直《なお》せたら　**できたシール**を　はりましょう。

19回《かい》 はこの 形《かたち》

学しゅう日

月　　日

合《ごう》かくシール

ぜんもん正かいに できたら合《ごう》かくシールを はろう！

できたシール　〈はこの　かどの　点《てん》などの　名前《なまえ》〉

1 つぎの　㋐～㋒に　あてはまる　ことばを　書《か》きましょう。

㋐(　　　　　　)

㋑(　　　　　　)

㋒(　　　　　　)

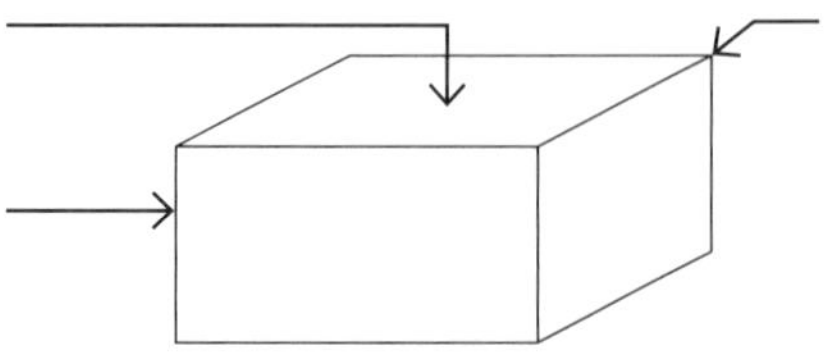

できたシール　〈はこの　形《かたち》を　つくる〉

2 ひごを　へん，ねん土玉を　ちょう点《てん》に　して，下の　図《ず》のような　はこの　形《かたち》を　つくります。

① ひごは　それぞれ　何本《なん》　いりますか。

2cmの　ひご　(　　　　)

3cmの　ひご　(　　　　)

5cmの　ひご　(　　　　)

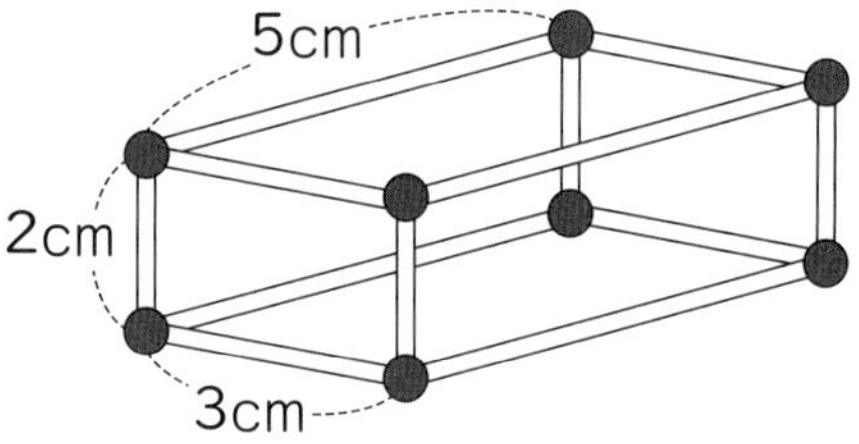

② ねん土玉は　何《なん》こ　いりますか。　(　　　　)

できたシール　〈はこの　形《かたち》の　めん，へん，ちょう点《てん》〉

3 はこの　形《かたち》の　めん，へん，ちょう点《てん》の　数《かず》を　書《か》きましょう。

めん(　　　　　)　へん(　　　　　)

ちょう点《てん》(　　　　　)

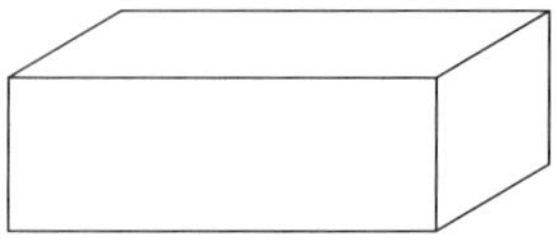

できたシール　〈ひらいた　図《ず》〉

4 右の　図《ず》を　組《く》み立てると，つぎの　㋐，㋑の　どちらの　はこが　できますか。

㋐

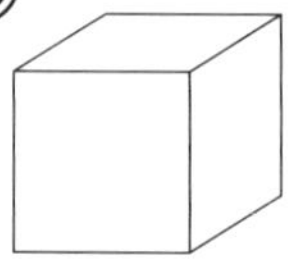

㋑

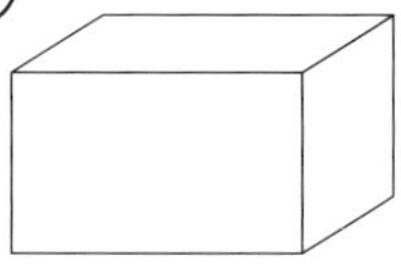

(　　　　)

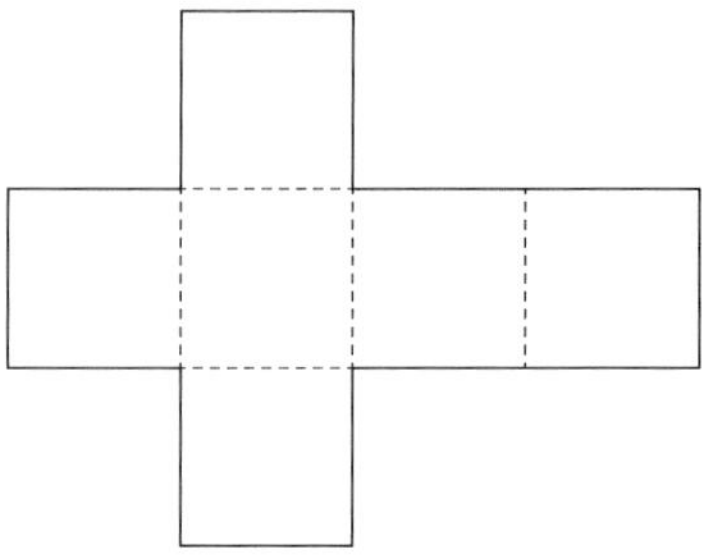

18 回《かい》 三角形《さんかくけい》と 四角形《しかくけい》(3)

学しゅう日　月　日

合《ごう》かくシール
ぜんもん 正かいに できたら 合《ごう》かくシール を はろう！

できた シール 〈四角形《しかくけい》を 切《き》った 形《かたち》〉

1 長方形《ちょうほうけい》を，右のように 点線《てんせん》の ところで 切《き》りました。どんな 形《かたち》が できますか。

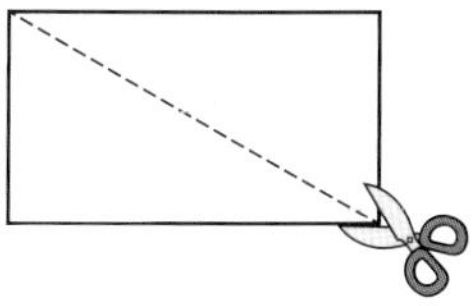

（　　　　　）

できた シール 〈長方形《ちょうほうけい》，正方形《せいほうけい》，直角三角形《ちょっかくさんかくけい》を えらぶ〉

2 下の 図《ず》の 中で，長方形《ちょうほうけい》，正方形《せいほうけい》，直角三角形《ちょっかくさんかくけい》は，それぞれ どれですか。あてはまる ものを ぜんぶ 見つけて，㋐～㋗の きごうで 答《こた》えましょう。

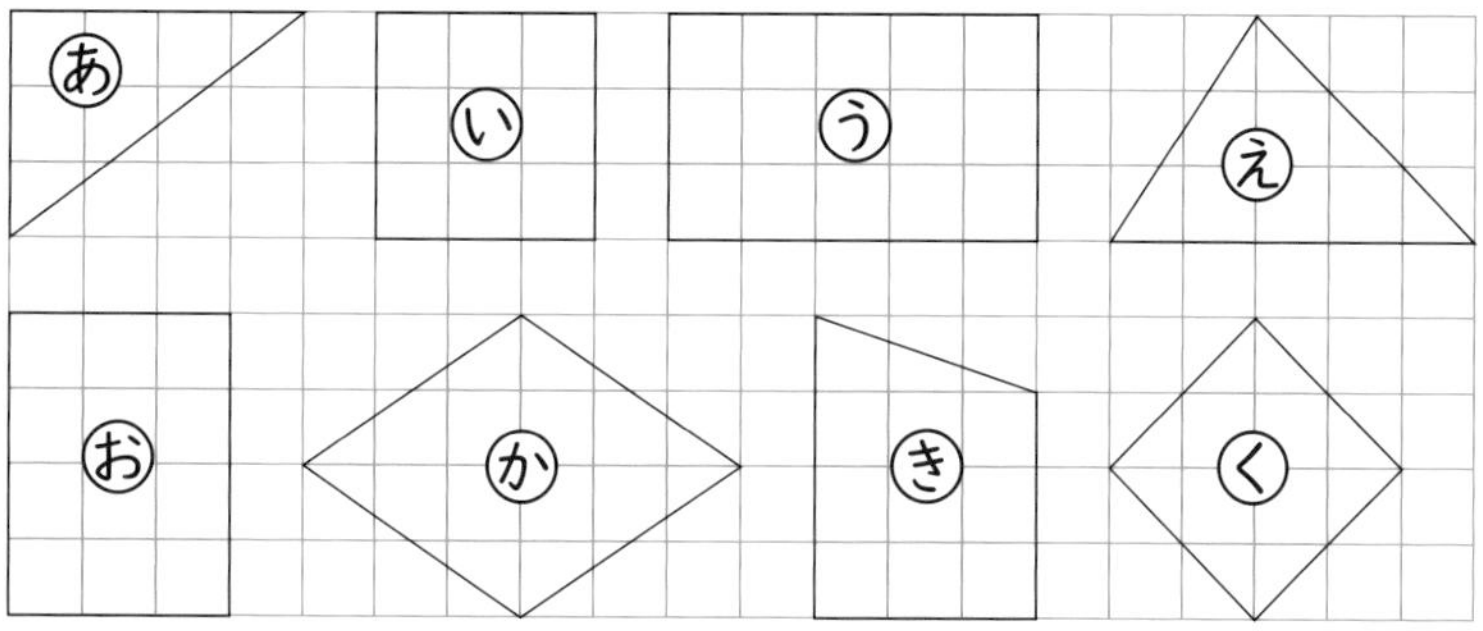

長方形《ちょうほうけい》（　　　　）
正方形《せいほうけい》（　　　　）
直角三角形《ちょっかくさんかくけい》（　　　　）

できた シール 〈長方形《ちょうほうけい》，正方形《せいほうけい》を かく〉

3 下の 方《ほう》がん紙《し》に，つぎの 形《かたち》を かきましょう。

① たて 2cm，よこ 5cm の 長方形《ちょうほうけい》

② 1つの へんが 3cm の 正方形《せいほうけい》

できた シール 〈へん，ちょう点《てん》，直角《ちょっかく》の 数《かず》〉

4 長方形《ちょうほうけい》，正方形《せいほうけい》，直角三《ちょっかくさん》角形《かくけい》の へん・ちょう点《てん》・直角《ちょっかく》の 数《かず》を 右の ひょうに 書《か》きましょう。

	へんの 数《かず》	ちょう点《てん》の 数《かず》	直角《ちょっかく》の 数《かず》
長方形《ちょうほうけい》			
正方形《せいほうけい》			
直角三角形《ちょっかくさんかくけい》			

17回《かい》 三角形《さんかくけい》と 四角形《しかくけい》(2)

学しゅう日　月　日

合《ごう》かくシール
ぜんもん 正かいに できたら 合《ごう》かくシール を はろう！

できたシール 〈三角形《さんかくけい》，四角形《しかくけい》の 名前《なまえ》〉

1 つぎのような 形《かたち》を 何《なん》と いいますか。

① １つの かどが 直角《ちょっかく》に なって いる 三角形《さんかくけい》　（　　　）

② かどが みんな 直角《ちょっかく》に なって いる 四角形《しかくけい》　（　　　）

③ かどが みんな 直角《ちょっかく》で，へんの 長《なが》さが みんな 同《おな》じ 四角形《しかくけい》　（　　　）

できたシール 〈長方形《ちょうほうけい》〉

2 下の 形《かたち》は 長方形《ちょうほうけい》です。

① へんは いくつ ありますか。　（　　　）

② ちょう点《てん》は いくつ ありますか。　（　　　）

③ 直角《ちょっかく》は いくつ ありますか。　（　　　）

④ 同《おな》じ 長《なが》さの へんは 何組《なんくみ》 ありますか。　（　　　）

できたシール 〈正方形《せいほうけい》〉

3 下の 形《かたち》は 正方形《せいほうけい》です。

① 直角《ちょっかく》は いくつ ありますか。　（　　　）

② ４つの へんの 長《なが》さは 同《おな》じですか，ちがいますか。　（　　　）

できたシール 〈直角三角形《ちょっかくさんかくけい》〉

4 下の 形は 直角三角形《ちょっかくさんかくけい》です。

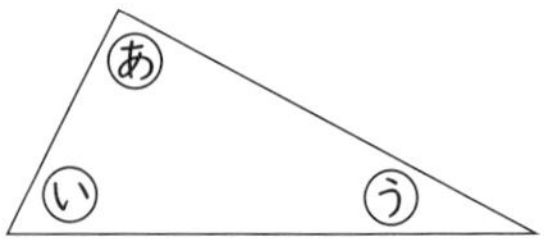

① へんは いくつ ありますか。　（　　　）

② 直角《ちょっかく》に なって いる かどは，あ，い，うの どれですか。　（　　　）

三角形《さんかくけい》と 四角形《しかくけい》(1)

学しゅう日　　月　　日

合《ごう》かくシール
ぜんもん 正かいに できたら 合《ごう》かくシールを はろう！

できたシール 〈三角形《さんかくけい》と 四角形《しかくけい》〉

1 つぎの 形《かたち》を 何《なん》と いいますか。

① ３本の 直線《ちょくせん》で かこまれた 形《かたち》（　　　　）

② ４本の 直線《ちょくせん》で かこまれた 形《かたち》（　　　　）

できたシール 〈三角形《さんかくけい》と 四角形《しかくけい》を えらぶ〉

2 下の ㋐～㋙から 三角形《さんかくけい》，四角形《しかくけい》を すべて えらんで，きごうで 答《こた》えましょう。

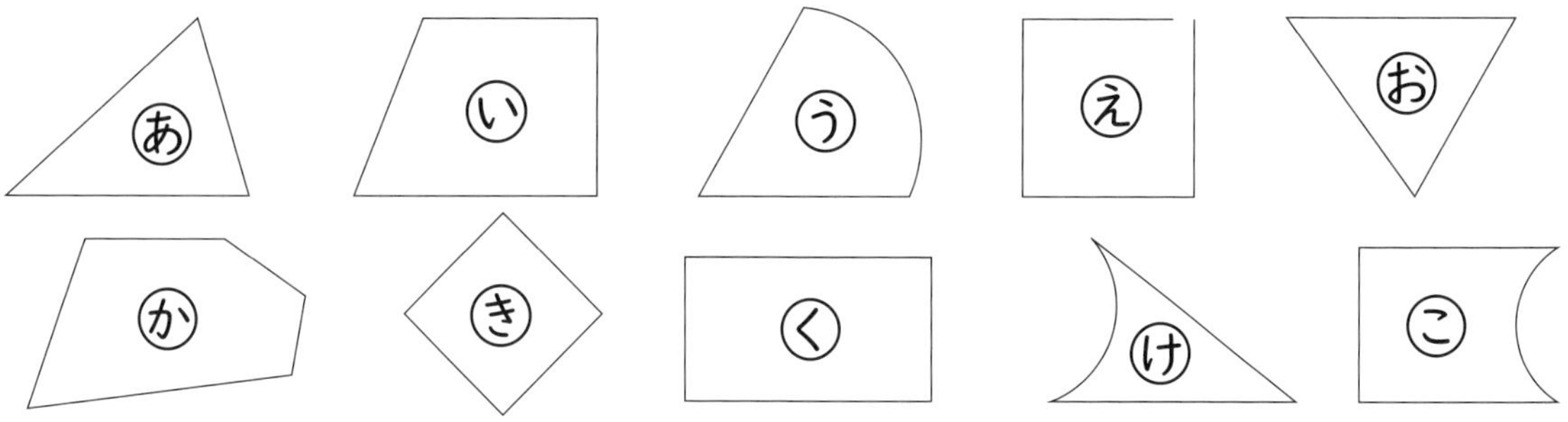

三角形《さんかくけい》（　　　　）　四角形《しかくけい》（　　　　）

できたシール 〈三角形《さんかくけい》と 四角形《しかくけい》を かく〉

3 ・を 直線《ちょくせん》で つないで，三角形《さんかくけい》と 四角形《しかくけい》を １つずつ かきましょう。

（三角形《さんかくけい》）

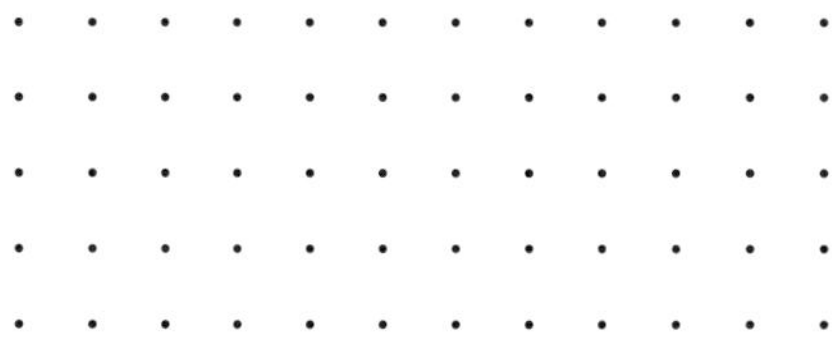

（四角形《しかくけい》）

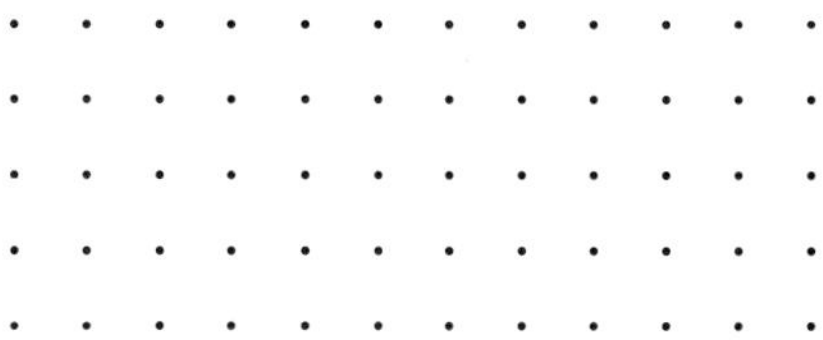

できたシール 〈三角形《さんかくけい》を 切《き》る〉

4 右のように，三角形《さんかくけい》を 点線《てんせん》の ところで ２つに 切《き》ると，どんな 形《かたち》が できますか。

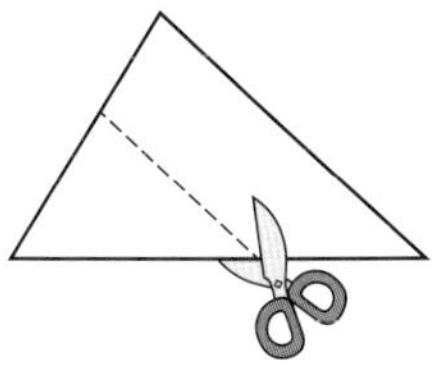

（　　　　）と（　　　　）

15回《かい》 ひょうと グラフ

学しゅう日　　月　　日

合《ごう》かくシール
ぜんもん 正かいに できたら 合《ごう》かくシール を はろう！

できた シール 〈グラフを 読《よ》む〉

1 わなげを しました。入った わの 数《かず》を，●を １こと して，右の グラフに まとめました。

① いちばん 多《おお》く 入れたのは だれですか。（　　　　）

② いちばん 少《すく》ないのは だれですか。（　　　　）

③ そうたさんは，いつきさんより 何《なん》こ 多《おお》く 入れましたか。（　　　　）

わなげの せいせき

	●		
	●	●	
	●	●	●
●	●	●	●
●	●	●	●
●	●	●	●
あかり	そうた	こはる	いつき

できた シール 〈グラフを かく〉

2 下の ひょうは，いちばん すきな くだものを しらべて まとめた ものです。

いちばん すきな くだものしらべ

すきな くだもの	みかん	もも	りんご	いちご
人数《にんずう》(人)	6	4	8	3

この ひょうを，右の グラフに あらわします。人数《にんずう》の 分《ぶん》だけ，○を 下から かきましょう。

いちばん すきな くだものしらべ

みかん	もも	りんご	いちご

分数《ぶんすう》

学しゅう日
月　　日

合《ごう》かくシール
ぜんもん 正かいに できたら 合《ごう》かくシール を はろう！

できた シール 〈分数《ぶんすう》の　あらわし方《かた》〉

1 つぎの　あ，いの　テープの　長《なが》さは，もとの　テープの　長《なが》さの　何分《なんぶん》の一《いち》ですか。

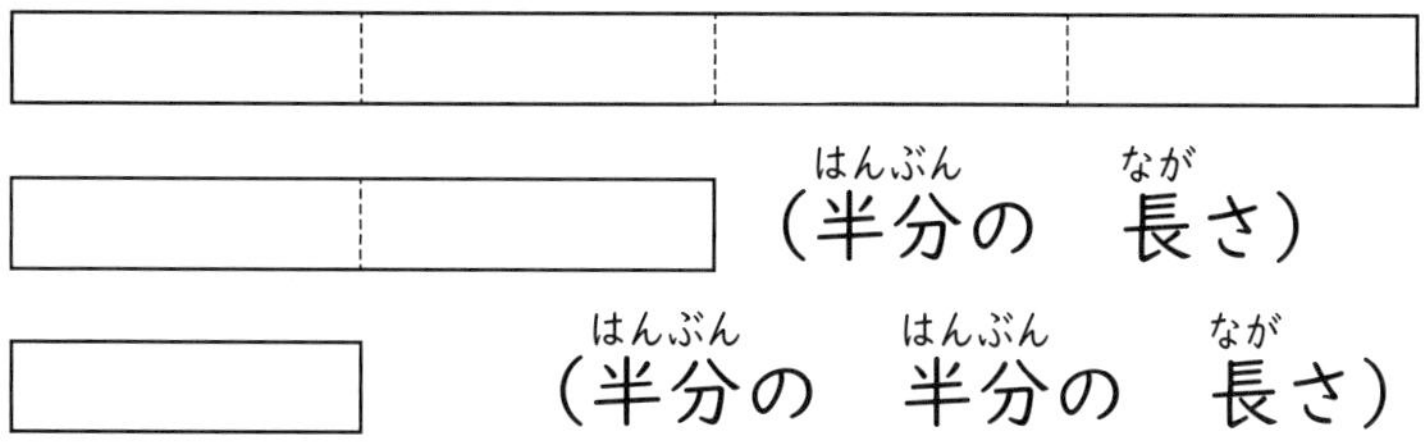

（もとの　長《なが》さ）

あ（半分《はんぶん》の　長《なが》さ）（　　）

い（半分《はんぶん》の　半分《はんぶん》の　長《なが》さ）（　　）

できた シール 〈$\frac{1}{2}$の　大きさ〉

2 つぎの　図《ず》の　$\frac{1}{2}$に　色《いろ》を　ぬりましょう。

① ② ③

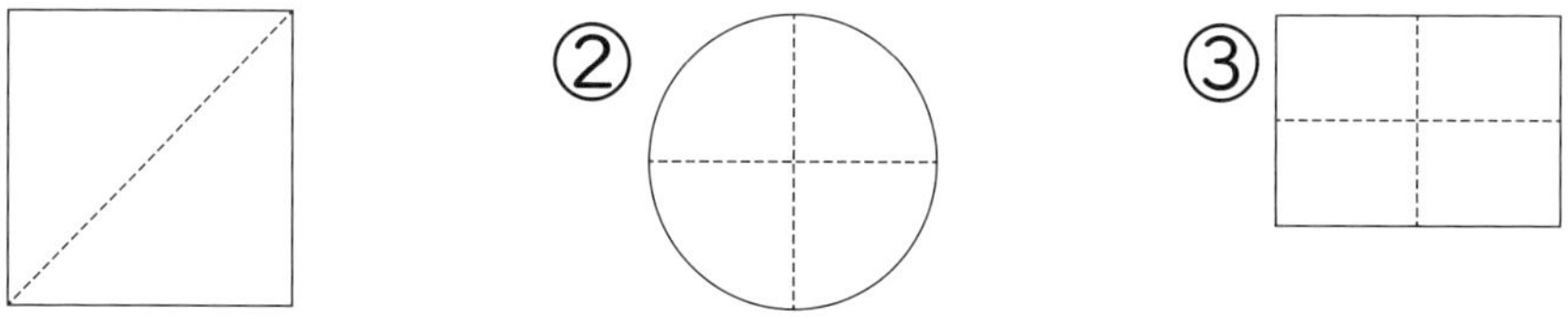

できた シール 〈$\frac{1}{4}$の　大きさ〉

3 下の　あ～うから　□の　ぶぶんが　ぜん体《たい》の　$\frac{1}{4}$に　なって　いる　ものを　えらんで，きごうで　答《こた》えましょう。

あ い う

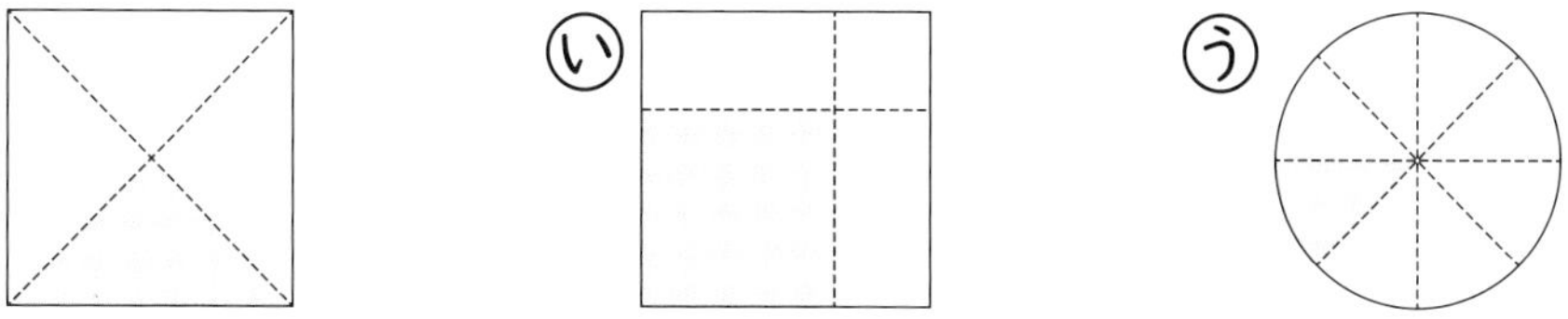

（　　）

できた シール 〈ぜん体《たい》の　何分《なんぶん》の一《いち》〉

4 つぎの　図《ず》の　□の　ぶぶんは　ぜん体《たい》の　何分《なんぶん》の一《いち》ですか。

①（　　）②（　　）③（　　）④（　　）

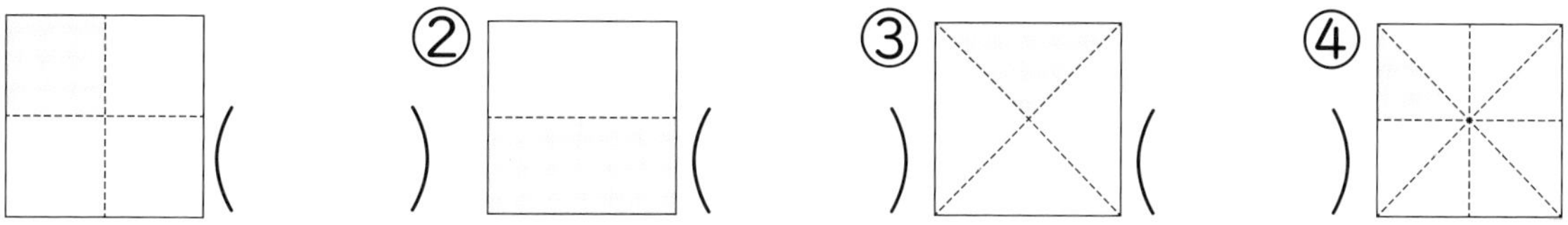

⑤

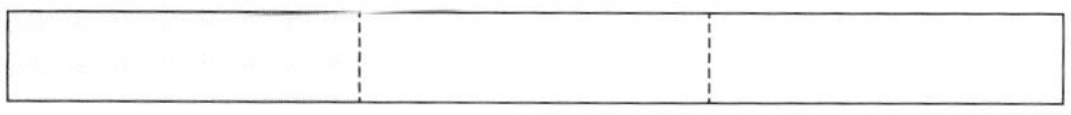

テープは　┈┈で　同じ　長さに　わけました。（　　）

できなかった　ところは、もう　いちど　やって　みましょう。正しく　直《なお》せたら　**できたシール**を　はりましょう。

10000までの　数《かず》(2)

学しゅう日　月　日

合《ごう》かくシール
ぜんもん 正かいに できたら 合《ごう》かくシール を はろう！

できた シール　〈100，1000を　あつめた　数《かず》〉

1 つぎの　□に　あてはまる　数《かず》を　書《か》きましょう。

① 100を　15　あつめた　数《かず》は □ です。

② 1000を　10　あつめた　数《かず》は □ です。

できた シール　〈数《かず》の線《せん》〉

2 数《かず》の線《せん》の　↓の　ところの　数《かず》を　□に　書《か》きましょう。

①

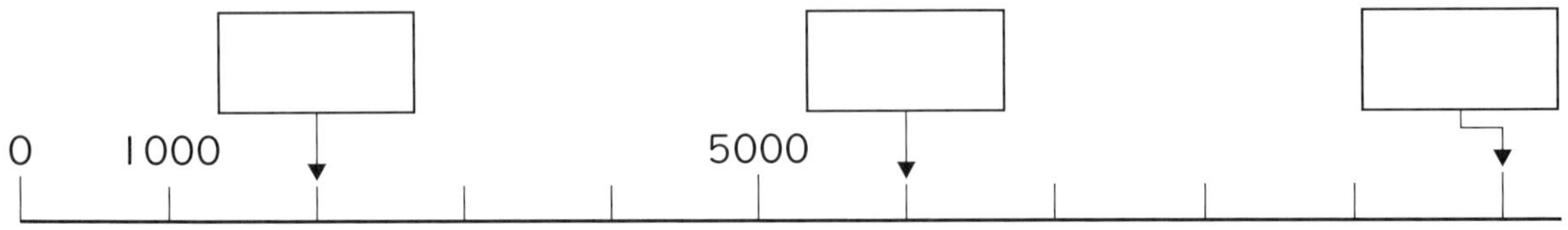

②

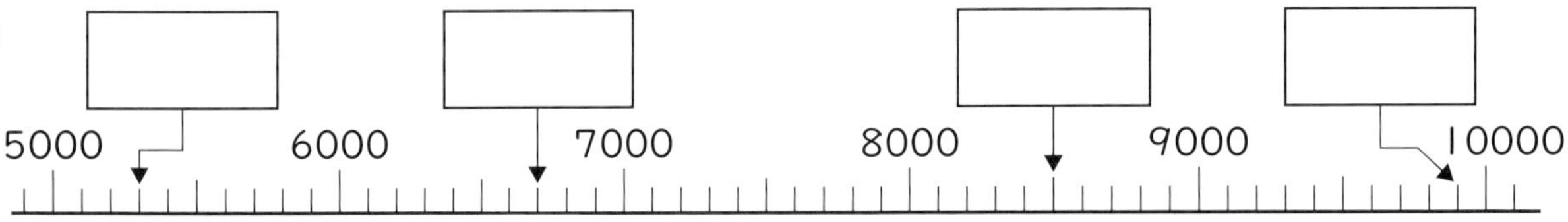

できた シール　〈大きい　数《かず》，小さい　数《かず》〉

3 つぎの　数《かず》を　書《か》きましょう。

① 3499より　1　大きい　数《かず》（　　　）

② 10000より　10　小さい　数《かず》（　　　）

できた シール　〈数《かず》の　大小〉

4 つぎの　□に　あてはまる　>，<を　書《か》きましょう。

① 3850 □ 4000　② 7594 □ 7549

できた シール　〈4けたの　数《かず》を　しきに　あらわす〉

5 つぎの　□に　あてはまる　数《かず》を　書《か》きましょう。

① 2500＝2000＋□

② 7130＝□＋100＋□

12回《かい》 10000までの 数《かず》(1)

学しゅう日 月 日

合《ごう》かくシール
ぜんもん 正かいに できたら 合《ごう》かくシールを はろう!

できたシール 〈4 けたの 数《かず》の あらわし方《かた》〉

1 紙《かみ》は 何《なん》まい ありますか。

① 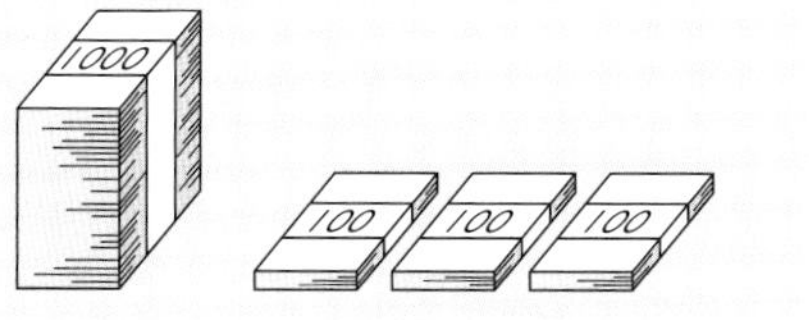

(　　　　)まい

② 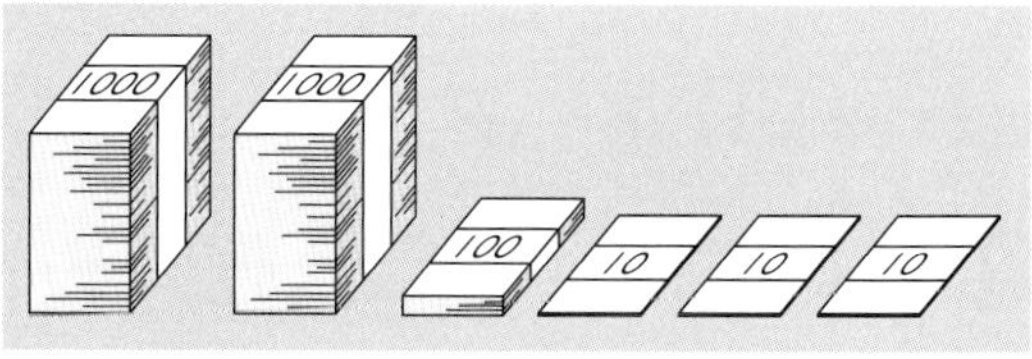

(　　　　)まい

できたシール 〈4 けたの 数《かず》の くらい〉

2 つぎの □に あてはまる 数《かず》を 書《か》きましょう。

① 2715 の 千のくらいは □, 百のくらいは □, 十のくらいは □, 一のくらいは □です。

② 千のくらいが 6, 百のくらいが 4, 十のくらいが 3, 一のくらいが 0 の 数《かず》は □です。

できたシール 〈かん字で あらわす〉

3 つぎの 数《かず》を かん字で 書《か》きましょう。

① 5280(　　　　)　② 6900(　　　　)

できたシール 〈数字《すうじ》で あらわす〉

4 つぎの 数《かず》を 数字《すうじ》で 書《か》きましょう。

① 八千四百二十(　　　　)　② 九千五(　　　　)

できたシール 〈4 けたの 数《かず》の しくみ〉

5 つぎの □に あてはまる 数《かず》を 書《か》きましょう。

① 1000 を 3 つと 100 を 9 つ あわせると □です。

② 1000 を 7 つと 10 を 4 つ あわせると □です。

1000までの 数《かず》(2)

学しゅう日
月　　日

合《ごう》かくシール
ぜんもん
正かいに できたら
合《ごう》かくシール
を はろう!

できたシール 〈10，100を あつめた 数《かず》〉

1 つぎの □に あてはまる 数《かず》を 書《か》きましょう。

① 100を 4つ あつめた 数《かず》は □です。

② 100を 10 あつめた 数《かず》は □です。

③ 10を 18 あつめた 数《かず》は □です。

④ 260は 10を □ あつめた 数《かず》です。

できたシール 〈数《かず》の線《せん》〉

2 数《かず》の線《せん》の ↓の ところの 数《かず》を □に 書《か》きましょう。

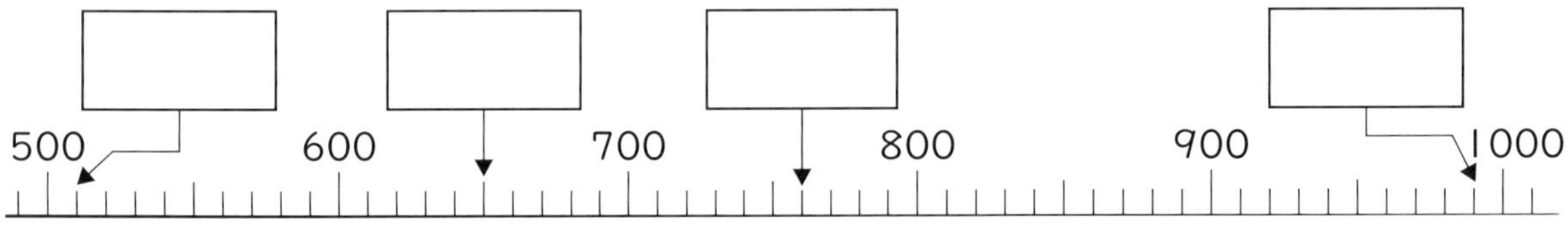

できたシール 〈大きい 数《かず》，小さい 数《かず》〉

3 つぎの 数《かず》を 書《か》きましょう。

① 350より 1 大きい 数《かず》 (　　　)

② 350より 1 小さい 数《かず》 (　　　)

③ 900より 100 大きい 数《かず》 (　　　)

④ 1000より 10 小さい 数《かず》 (　　　)

できたシール 〈数《かず》の 大小〉

4 つぎの □に あてはまる >，<，=を 書《か》きましょう。

① 300 □ 299　　② 657 □ 675

③ 140 □ 70＋80　　④ 900 □ 910－10

10 回《かい》 1000までの　数《かず》(1)

学しゅう日　　月　　日

合《ごう》かくシール
ぜんもん 正かいに できたら 合《ごう》かくシール を はろう！

できたシール 〈3 けたの　数《かず》の　あらわし方《かた》〉

1 ぼうの　数《かず》は　何《なん》本ですか。

①

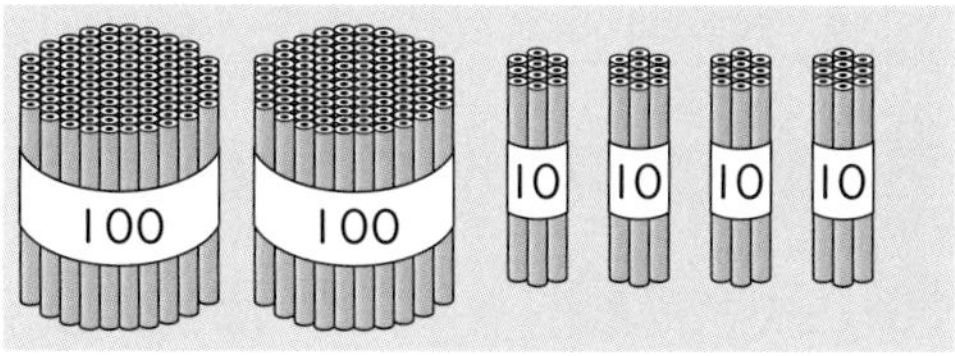

(　　　　)本

②

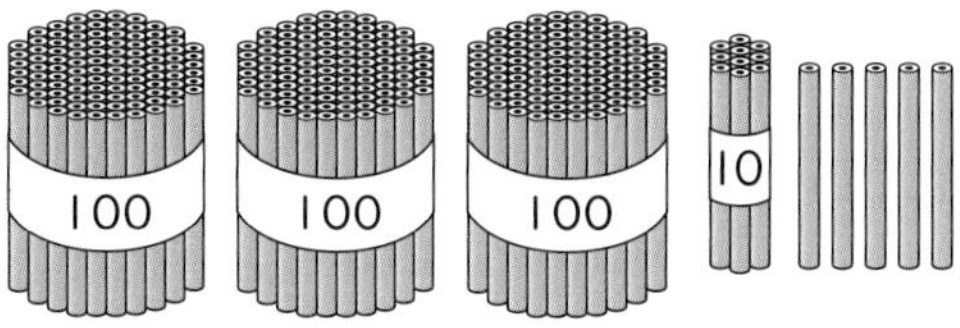

(　　　　)本

できたシール 〈3 けたの　数《かず》の　くらい〉

2 □に　あてはまる　数《かず》を　書《か》きましょう。

① 527 の　百のくらいは □，十のくらいは □，一のくらいは □ です。

② 百のくらいが　3，十のくらいが　8，一のくらいが　4 の数《かず》は □ です。

できたシール 〈かん字で　あらわす〉

3 つぎの　数《かず》を　かん字で　書《か》きましょう。

① 625(　　　　　　)　② 930(　　　　　　)

できたシール 〈数字《すうじ》で　あらわす〉

4 つぎの　数《かず》を　数字《すうじ》で　書《か》きましょう。

① 八百五十七(　　　　)　② 千(　　　　)

できたシール 〈3 けたの　数《かず》の　しくみ〉

5 つぎの　□に　あてはまる　数《かず》を　書《か》きましょう。

① 100 を　3 つと　10 を　7 つ　あわせると □ です。

② 100 を　5 つと　10 を　1 つと　1 を　4 つ　あわせると □ です。

できなかった ところは、もう いちど やって みましょう。正しく 直《なお》せたら **できたシール**を はりましょう。

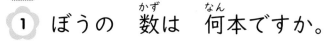

9回《かい》 かけ算《ざん》(3)

学しゅう日　月　日

合《ごう》かくシール
ぜんもん 正かいに できたら 合《ごう》かくシール を はろう！

できたシール 〈1 のだんの　九九〉

1 かけ算《ざん》を　しましょう。

① 1×6＝

② 1×4＝

できたシール 〈かける数《かず》を　1　ふやす〉

2 つぎの　□に　あてはまる　数《かず》を　書《か》きましょう。

① 5×3＝5×2＋□

② 9×8＝9×7＋□

できたシール 〈かけ算《ざん》九九の　きまり〉

3 つぎの　□に　あてはまる　数《かず》を　書《か》きましょう。

① 4×6＝6×□

② 8×7＝7×□

できたシール 〈1 けたと　2 けたの　かけ算《ざん》〉

4 つぎの　□に　あてはまる　数《かず》を　書《か》きましょう。

① 3×10＝3×9＋□

② 5×11＝5×10＋□

③ 12×4＝4×□

できたシール 〈答《こた》えが　ある　数《かず》に　なる　九九〉

5 下の　㋐～㋕の　中で，答《こた》えが　18 に　なる　九九を　すべて　えらび，きごうを　(　)に　書《か》きましょう。

㋐ 2×8　㋑ 3×6

㋒ 4×4　㋓ 5×4

㋔ 6×4　㋕ 9×2

(　　　　)

できたシール 〈答《こた》えが　同《おな》じに　なる　九九〉

6 つぎの　①，②の　九九と　答《こた》えが　同《おな》じに　なる　九九を　[　]の　中から　えらび，㋐～㋓の　きごうを　(　)に　書《か》きましょう。

① 6×4…(　　)

② 4×9…(　　)

㋐ 3×8　㋑ 4×7

㋒ 7×5　㋓ 6×6

8回《かい》 かけ算《ざん》(2)

学しゅう日　月　日

合《ごう》かくシール
ぜんもん
正かいに できたら
合《ごう》かくシール
を はろう！

できた シール　〈6 のだんの　九九〉

1 かけ算《ざん》を　しましょう。

① 6×1＝

② 6×4＝

③ 6×8＝

④ 6×2＝

⑤ 6×9＝

できた シール　〈7 のだんの　九九〉

2 かけ算《ざん》を　しましょう。

① 7×4＝

② 7×8＝

③ 7×7＝

④ 7×2＝

⑤ 7×6＝

できた シール　〈8 のだんの　九九〉

3 かけ算《ざん》を　しましょう。

① 8×2＝

② 8×6＝

③ 8×3＝

④ 8×7＝

⑤ 8×4＝

できた シール　〈9 のだんの　九九〉

4 かけ算《ざん》を　しましょう。

① 9×4＝

② 9×1＝

③ 9×7＝

④ 9×3＝

⑤ 9×6＝

　できなかった　ところは、もう　いちど　やって　みましょう。正しく　直《なお》せたら　**できたシール**を　はりましょう。

7回《かい》 かけ算《ざん》(1)

学しゅう日
月　日

合《ごう》かくシール
ぜんもん
正かいに できたら
合《ごう》かくシール
を はろう！

できた
シール
〈2 のだんの　九九〉

1 かけ算《ざん》を　しましょう。

① 2×1＝

② 2×5＝

③ 2×8＝

④ 2×3＝

⑤ 2×9＝

できた
シール
〈5 のだんの　九九〉

2 かけ算《ざん》を　しましょう。

① 5×2＝

② 5×6＝

③ 5×3＝

④ 5×9＝

⑤ 5×7＝

できた
シール
〈3 のだんの　九九〉

3 かけ算《ざん》を　しましょう。

① 3×4＝

② 3×9＝

③ 3×7＝

④ 3×6＝

⑤ 3×8＝

できた
シール
〈4 のだんの　九九〉

4 かけ算《ざん》を　しましょう。

① 4×1＝

② 4×6＝

③ 4×3＝

④ 4×7＝

⑤ 4×9＝

6回《かい》 たし算《ざん》と ひき算《ざん》(2)

学しゅう日 月 日

合《ごう》かくシール
ぜんもん 正かいに できたら 合《ごう》かくシール を はろう！

できた シール 〈答《こた》えの たしかめ〉

1 つぎの 計算《けいさん》を ひっ算《さん》で しましょう。答《こた》えの たしかめも しましょう。

① 23＋56

ひっ算《さん》　　たしかめ

② 78－36

ひっ算《さん》　　たしかめ

できた シール 〈□に あてはまる 数《かず》を もとめる〉

2 □に あてはまる 数《かず》を もとめて，（ ）に 書《か》きましょう。

① □＋4＝17　（　　）

② 15＋□＝32　（　　）

できた シール 〈たし算《ざん》の きまり〉

3 □に あてはまる 数《かず》を 書《か》きましょう。

① 25＋13＝13＋□

② (47＋18)＋2

＝47＋(18＋□)

できた シール 〈くふうした 計算《けいさん》〉

4 □に あてはまる 数《かず》を 書《か》きましょう。

① 18＋7＋3

＝18＋□

＝□

② 14＋47＋6

＝(14＋□)＋47

＝□

できた シール 〈3 つの 数《かず》の ひっ算《さん》〉

5 計算《けいさん》を しましょう。

① $\begin{array}{r} 24 \\ 35 \\ +\ 18 \\ \hline \end{array}$　② $\begin{array}{r} 48 \\ 17 \\ +\ 63 \\ \hline \end{array}$

 できなかった ところは、もう いちど やって みましょう。正しく 直《なお》せたら **できたシール**を はりましょう。

5 回《かい》 たし算《ざん》と　ひき算《ざん》(1)

学しゅう日　月　日

合《ごう》かくシール
ぜんもん
正かいに できたら
合《ごう》かくシール
を はろう！

できたシール
〈何《なん》百の　たし算《ざん》〉

1 計算《けいさん》を　しましょう。

① 200＋300＝

② 500＋800＝

③ 600＋70＝

できたシール
〈くり上がりの　ない　3 けたと　2 けた，3 けたと　1 けたの　たし算《ざん》〉

2 計算《けいさん》を　しましょう。

① $$\begin{array}{r} 314 \\ +\quad 52 \\ \hline \end{array}$$

② $$\begin{array}{r} 425 \\ +\quad 3 \\ \hline \end{array}$$

できたシール
〈一のくらいが　くり上がる　3 けたと　1 けたの　たし算《ざん》〉

3 計算《けいさん》を　しましょう。

① $$\begin{array}{r} 268 \\ +\quad 4 \\ \hline \end{array}$$

② $$\begin{array}{r} 7 \\ +526 \\ \hline \end{array}$$

できたシール
〈一のくらいが　くり上がる　3 けたと　2 けたの　たし算《ざん》〉

4 計算《けいさん》を　しましょう。

① $$\begin{array}{r} 639 \\ +\quad 51 \\ \hline \end{array}$$

② $$\begin{array}{r} 45 \\ +727 \\ \hline \end{array}$$

できたシール
〈何《なん》百の　ひき算《ざん》〉

5 計算《けいさん》を　しましょう。

① 700－400＝

② 1000－600＝

③ 930－30＝

できたシール
〈くり下がりの　ない　3 けたと　2 けたの　ひき算《ざん》〉

6 計算《けいさん》を　しましょう。

① $$\begin{array}{r} 283 \\ -\quad 42 \\ \hline \end{array}$$

② $$\begin{array}{r} 865 \\ -\quad 63 \\ \hline \end{array}$$

できたシール
〈十のくらいから　くり下がる　3 けたと　1 けたの　ひき算《ざん》〉

7 計算《けいさん》を　しましょう。

① $$\begin{array}{r} 324 \\ -\quad 8 \\ \hline \end{array}$$

② $$\begin{array}{r} 671 \\ -\quad 9 \\ \hline \end{array}$$

できたシール
〈十のくらいから　くり下がる　3 けたと　2 けたの　ひき算《ざん》〉

8 計算《けいさん》を　しましょう。

① $$\begin{array}{r} 436 \\ -\quad 17 \\ \hline \end{array}$$

② $$\begin{array}{r} 542 \\ -\quad 36 \\ \hline \end{array}$$

4 回《かい》 ひき算《ざん》(2)

学しゅう日　　月　　日

合《ごう》かくシール
ぜんもん 正かいに できたら 合《ごう》かくシールを はろう！

できたシール
〈くり下がりの ある 2けたと 1けたの ひき算《ざん》〉

1 計算《けいさん》を しましょう。

① 36 − 9　　② 90 − 5

できたシール
〈百のくらいから くり下がる ひき算《ざん》〉

2 計算《けいさん》を しましょう。

① 126 − 51　　② 134 − 70

できたシール
〈ひかれる数《かず》の 十のくらいが 0の ひき算《ざん》〉

3 計算《けいさん》を しましょう。

① 105 − 32　　② 107 − 97

できたシール
〈十のくらい，百のくらいから くり下がる ひき算《ざん》〉

4 計算《けいさん》を しましょう。

① 134 − 89　　② 125 − 57

できたシール
〈十のくらいの 数《かず》が 同《おな》じ くり下がりの ある ひき算《ざん》〉

5 計算《けいさん》を しましょう。

① 145 − 48　　② 171 − 79

できたシール
〈百のくらいから 一のくらいまで くり下がる 3けたと 2けたの ひき算《ざん》〉

6 計算《けいさん》を しましょう。

① 102 − 56　　② 100 − 92

できたシール
〈百のくらいから 一のくらいまで くり下がる 3けたと 1けたの ひき算《ざん》〉

7 計算《けいさん》を しましょう。

① 103 − 8　　② 100 − 3

できなかった ところは、もう いちど やって みましょう。正しく 直《なお》せたら **できたシール**を はりましょう。

3回《かい》 ひき算《ざん》(1)

学しゅう日
月　　日

合《ごう》かくシール
ぜんもん
正かいに できたら
合《ごう》かくシール
を はろう！

できた
シール
〈くり下がりの　ない　何《なん》十の　ひき算《ざん》〉

1 計算《けいさん》を　しましょう。

① 70－30＝

② 90－40＝

できた
シール
〈くり下がりの　ある　何《なん》十の　ひき算《ざん》〉

2 計算《けいさん》を　しましょう。

① 110－40＝

② 170－90＝

できた
シール
〈くり下がりの　ない
2けたどうしの　ひき算《ざん》〉

3 計算《けいさん》を　しましょう。

① $\begin{array}{r} 47 \\ -15 \\ \hline \end{array}$

② $\begin{array}{r} 73 \\ -30 \\ \hline \end{array}$

できた
シール
〈一のくらいが　0に　なる
くり下がりの　ない　ひき算《ざん》〉

4 計算《けいさん》を　しましょう。

① $\begin{array}{r} 65 \\ -25 \\ \hline \end{array}$

② $\begin{array}{r} 80 \\ -50 \\ \hline \end{array}$

できた
シール
〈答《こた》えが　1けたに　なる
くり下がりの　ない　ひき算《ざん》〉

5 計算《けいさん》を　しましょう。

① $\begin{array}{r} 38 \\ -32 \\ \hline \end{array}$

② $\begin{array}{r} 57 \\ -50 \\ \hline \end{array}$

できた
シール
〈くり下がりの　ない
2けたと　1けたの　ひき算《ざん》〉

6 計算《けいさん》を　しましょう。

① $\begin{array}{r} 87 \\ -\ \ 4 \\ \hline \end{array}$

② $\begin{array}{r} 43 \\ -\ \ 3 \\ \hline \end{array}$

できた
シール
〈くり下がりの　ある
2けたどうしの　ひき算《ざん》〉

7 計算《けいさん》を　しましょう。

① $\begin{array}{r} 45 \\ -18 \\ \hline \end{array}$

② $\begin{array}{r} 70 \\ -15 \\ \hline \end{array}$

できた
シール
〈答《こた》えが　1けたに　なる
くり下がりの　ある　ひき算《ざん》〉

8 計算《けいさん》を　しましょう。

① $\begin{array}{r} 72 \\ -65 \\ \hline \end{array}$

② $\begin{array}{r} 40 \\ -32 \\ \hline \end{array}$

2 回《かい》 たし算《ざん》(2)

学しゅう日　　月　　日

合《ごう》かくシール
ぜんもん 正かいに できたら 合《ごう》かくシール を はろう！

できたシール
〈一のくらいが　0に　なる　たし算《ざん》〉

1 計算《けいさん》を　しましょう。

① 28 ＋42　　② 51 ＋39

できたシール
〈くり上がりの　ある　2 けたと　1 けたの　たし算《ざん》〉

2 計算《けいさん》を　しましょう。

① 27 ＋ 6　　② 3 ＋67

できたシール
〈十のくらいが　くり上がる　たし算《ざん》〉

3 計算《けいさん》を　しましょう。

① 83 ＋52　　② 64 ＋90

できたシール
〈十のくらいが　0 に　なる　たし算《ざん》〉

4 計算《けいさん》を　しましょう。

① 73 ＋35　　② 10 ＋94

できたシール
〈2 回《かい》　くり上がる　たし算《ざん》〉

5 計算《けいさん》を　しましょう。

① 76 ＋58　　② 69 ＋46

できたシール
〈2 回《かい》　くり上がる　一のくらいが　0 に　なる　たし算《ざん》〉

6 計算《けいさん》を　しましょう。

① 63 ＋87　　② 58 ＋52

できたシール
〈じゅんに　くり上がる　2 けたどうしの　たし算《ざん》〉

7 計算《けいさん》を　しましょう。

① 59 ＋43　　② 16 ＋84

できたシール
〈じゅんに　くり上がる　2 けたと　1 けたの　たし算《ざん》〉

8 計算《けいさん》を　しましょう。

① 98 ＋ 6　　② 7 ＋95

できなかった　ところは、もう　いちど　やって　みましょう。正しく　直《なお》せたら　**できたシール**を　はりましょう。

1回《かい》 たし算《ざん》(1)

学しゅう日 月 日

合《ごう》かくシール
ぜんもん 正かいに できたら 合《ごう》かくシールを はろう！

⬇答《こた》え合《あ》わせを して、答《こた》えが 合《あ》って いたら、ここに **できたシール**を はろう。

できたシール 〈くり上がりの ない 何《なん》十の たし算《ざん》〉

1 計算《けいさん》を しましょう。

① 50＋20＝

② 10＋80＝

できたシール 〈くり上がりの ある 何《なん》十の たし算《ざん》〉

2 計算《けいさん》を しましょう。

① 80＋30＝

② 40＋90＝

できたシール 〈ひっ算《さん》の しかた〉

3 つぎの 計算《けいさん》を ひっ算《さん》で しましょう。

① 45＋3

＋

② 6＋32

＋

できたシール 〈くり上がりの ない 2けたの たし算《ざん》〉

4 計算《けいさん》を しましょう。

①
```
  24
+ 13
```

②
```
  37
+ 42
```

できたシール 〈たす数《かず》に 0の ある 2けたの たし算《ざん》〉

5 計算《けいさん》を しましょう。

①
```
  38
+ 20
```

②
```
  40
+ 50
```

できたシール 〈くり上がりの ない 2けたと 1けたの たし算《ざん》〉

6 計算《けいさん》を しましょう。

①
```
  32
+  5
```

②
```
   8
+ 40
```

できたシール 〈くり上がりの ある 2けたの たし算《ざん》〉

7 計算《けいさん》を しましょう。

①
```
  37
+ 18
```

②
```
  56
+ 39
```

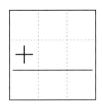

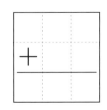

えいご

アルファベット

6 回《かい》

アルファベットの 小文字を ゆびで なぞって みよう

学しゅう日　　月　　日

合かくシール

ぜんもん
正かいに できたら
合《ごう》かくシール
を はろう！

059

1 音声《おんせい》を 聞《き》いて，まねして 言《い》いながら，アルファベットを ゆびで なぞりましょう。

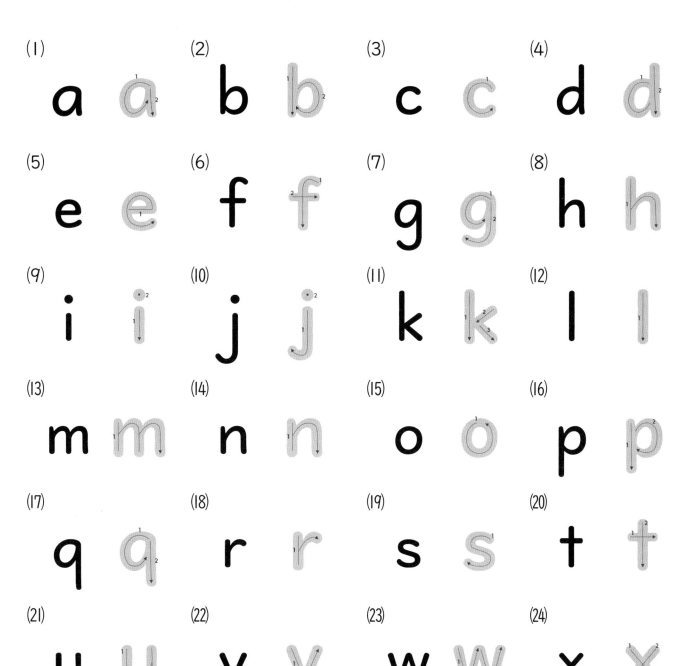

(1) a a
(2) b b
(3) c c
(4) d d
(5) e e
(6) f f
(7) g g
(8) h h
(9) i i
(10) j j
(11) k k
(12) l l
(13) m m
(14) n n
(15) o o
(16) p p
(17) q q
(18) r r
(19) s s
(20) t t
(21) u u
(22) v v
(23) w w
(24) x x
(25) y y
(26) z z

アルファベットの 書《か》きじゅんには，正《せい》しきな きまりは ありません。この ドリルでは，書《か》きやすさなどを かんがえて 書《か》きじゅんを しめして いますが，この とおりの 書《か》きじゅんで なくても かまいません。

5回《かい》 アルファベットの 歌《うた》

学しゅう日　　月　　日

合《ごう》かくシール
ぜんもん 正かいに できたら 合《ごう》かくシールを はろう！

060

① アルファベットは 26文字あり，それぞれに 大文字と 小文字が あります。音声《おんせい》を 聞《き》いて，まねして 言《い》いましょう。

A a  apron	B b  banana	C c  cat	D d  dog	E e  egg	F f  fish	G g  gift
H h  hat	I i  ice cream	J j  jam	K k  king	L l  lion	M m  milk	N n  notebook
O o  onion	P p  panda	Q q  queen	R r  rabbit	S s  sun	T t  tomato	U u  umbrella
V v  violin	W w  water	X x 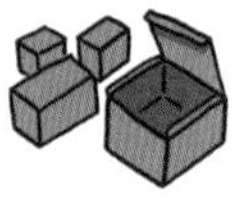 box	Y y  yacht	Z z  zebra		

アルファベットの 音《おと》は，ひとつずつ 言《い》う ときと たんごの なかに はいって いる ときでは ちがう 音《おと》に なります。

② 1回目《かいめ》は，歌《うた》を 聞《き》きながら アルファベットを ゆびで さして おいましょう。2回目《かいめ》は，いっしょに 歌《うた》いましょう。

A B C D E F G H I J K L M N O P Q
R S T U V W and X Y Z
Happy, happy, I'm happy. I can sing my ABC.

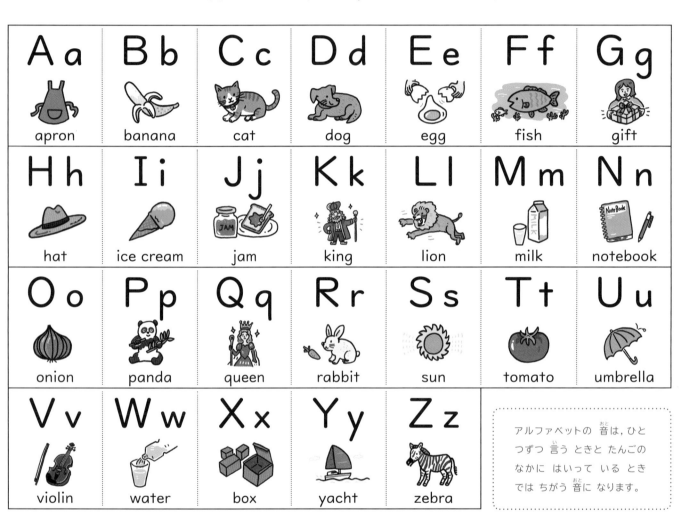

4 回《かい》 自《じ》こしょうかい②
わたしは ○○を もって います。

学しゅう日　　月　　日

合《ごう》かくシール
ぜんもん 正かいに できたら 合《ごう》かくシールを はろう！

061

① 音声《おんせい》を 聞《き》いて，まねして 言《い》いましょう。

(1) I have a pencil.

わたしは えんぴつを もって います。

(2) I have a notebook.

② 音声《おんせい》を 聞《き》いて，まねして 言《い》いましょう。

I have ［　　　　］.

(1) a pencil
えんぴつ

(2) a bag
かばん

(3) a notebook
ノート

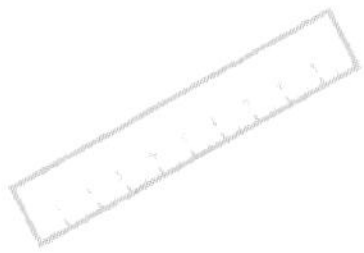

(4) a ruler
じょうぎ

(5) a cap
ぼうし

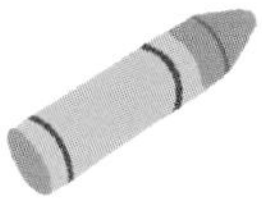

(6) a crayon
クレヨン

チャレンジ　あなたの もって いる ものを ［　　　　］ に あてはめて，もう 一《いち》ど 言《い》って みましょう。

えいごの　文

3回《かい》 自《じ》こしょうかい①
わたしは ○○が すきです。

学しゅう日
月　　日

合《ごう》かくシール
ぜんもん
正かいに できたら
合《ごう》かくシール
を はろう！

062

① 音声《おんせい》を　聞《き》いて，まねして　言《い》いましょう。

(1) I like apples.

わたしは　りんごが　すきです。

(2)

I like oranges.

(3) I like bananas.

② 音声《おんせい》を　聞《き》いて，まねして　言《い》いましょう。

I like ☐ .

(1) apples　りんご

(2) oranges　オレンジ

(3) bananas　バナナ

(4) grapes　ぶどう

(5) strawberries　いちご

チャレンジ　あなたの　すきな　くだものを ☐ に　あてはめて，もう　一《いち》ど　言《い》って　みましょう。

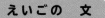

えいご

あいさつ

2回《かい》 ありがとう。どういたしまして。

学しゅう日　月　日

合かくシール
ぜんもん 正かいに できたら 合《ごう》かくシール を はろう！

063

1 音声《おんせい》を 聞《き》いて，まねして 言《い》いましょう。

(1)

Thank you.

ありがとう。

You’re welcome.

どういたしまして。

(2)

Thank you very much.

ありがとうございます。

No problem.

どういたしまして。
（たいしたことではないよ。）

2 音声《おんせい》を 聞《き》いて，まねして 言《い》いながら，スタートから ゴールまで すすみましょう。

スタート
ゴール
(1) Thank you.
(2) You’re welcome.
(3) Thank you very much.
(4) No problem.

あいさつ

1回《かい》 こんにちは。元気《げんき》ですか？

学しゅう日
月　日

合《ごう》かくシール
ぜんもん
正かいに　できたら
合《ごう》かくシール
を　はろう！

064

音声《おんせい》を　聞《き》く　じゅんびを　しましょう。

えいごは，スマートフォンや
タブレットなどを　つかって　音声《おんせい》を
聞《き》きながら　学しゅうするよ。

おうちの　人に
そうだんしよう。

おうちのかたへ 》》 064 があるページは，音声《おんせい》を聞《き》きながら学習《がくしゅう》を進《すす》めます。
数字《すうじ》は，「きくもん」アプリを使《つか》うときに入力する，ページ番号《ばんごう》です。

音声《おんせい》の聞《き》き方《かた》

音声《おんせい》アプリ「きくもん」をダウンロード

❶くもん出版《しゅっぱん》のガイドページにアクセス
❷指示《しじ》にそって，アプリをダウンロード
❸アプリのトップページで「小学2年の総復習《そうふくしゅう》ドリル」を選《えら》ぶ
※「きくもん」アプリは無料《むりょう》ですが，ネット接続《せつぞく》の際《さい》の通信料金《つうしんりょうきん》は別途発生《べっとはっせい》いたします。

くもん出版《しゅっぱん》のサイトから，ダウンロード

音声《おんせい》ファイルを
ダウンロードすることも
できます。

1 音声《おんせい》を　聞《き》いて，まねして　言《い》いましょう。

(1) Hi, Ken! How are you?

やあ，ケン！元気《げんき》ですか？

I'm fine, thank you. And you?

元気《げんき》です，ありがとうございます。あなたは？

(2) Hello, Emily! How are you?

Hello, Jack. I'm OK.

2 音声《おんせい》に　あわせて，いろいろな　答《こた》えかたを　してみましょう。

How are you?

(1) I'm fine.

(2) I'm OK.
まあ
まあ
です。

(3) Not bad.
わるく　ありません。

(4) Not very well.
あまり
元気《げんき》では
ありません。

くもんの小学 2 年生の総復習ドリル

答《こた》えと ポイント

＋

［さいしゅう チェックもんだい］

国語《こくご》・算数《さんすう》

＋

［先《さき》どりドリル］

- 国語《こくご》…14～16ページ
- 算数《さんすう》…19～17ページ

❶ 答《こた》えが 合《あ》って いたら，「できたシール」を はりましょう。

答《こた》えが 合《あ》って いたら，まるを つけ，もんだいの ところに
「できたシール」(小さい シール)を はりましょう。(シールだけ はっても よいです。)

❷ まちがえたら，ポイントを 読《よ》んで，正しく 直《なお》しましょう。

ポイントは，もんだいを とく ときの 考《かんが》え方《かた》や ちゅうい点《てん》などです。
まちがえた ところは，ポイントを よく 読《よ》んで，もう いちど やって みましょう。

❸ ぜんもん正かいに なったら，「合《ごう》かくシール」を はりましょう。

「できたシール」を ぜんぶ はれたら，ページの 上に
「合《ごう》かくシール」(大きい シール)を はりましょう。
ページぜんたいに 大きな まるを つけてから，シールを はっても よいです。

❹ 算数《さんすう》と 国語《こくご》は，さいしゅうチェックで さい後《ご》の おさらいを しましょう。

答《こた》えは 「答《こた》えと ポイント」の さい後《ご》に あります。

国語《こくご》の ちゅうい点《てん》

- 文や 文しょうを つかった もんだいでは，文しょう中の ことばを 正かいと して います。にた 言《い》い方《かた》の ことばで 答《こた》えても かまいません。
- (　)は，答《こた》えに あっても よい ものです。〈　〉は，ほかの 答《こた》え方《かた》です。
- れい の 答《こた》えでは，にた 内《ない》ようが 書《か》けて いれば 正かいです。
- ひらがなや，かたかな，かん字の ことばを 書《か》く もんだいでは，ぜんぶ 書《か》けて 一つの 正かいと なります。
- 答《こた》え合《あ》わせが しやすいように，分《わ》かち書《が》き(一字空き)で，しめして います。じっさいに 書《か》く ときには，空ける ひつようは ありません。

しあげテスト

- 国語《こくご》…13ページ
- 算数《さんすう》…20ページ

算数《さんすう》

36～21ページ

はんたいがわから はじまります

国語《こくご》

1～12ページ

この ページから はじまります

1 国語 かん字 かん字の かき

① (1)才 (2)刀 (3)鳥・羽 (4)学・場 (5)雨・走 (6)毎・花・水

② (1)番 (2)年・半 (3)友・声 (4)矢・切 (5)午・聞 (6)知・書

ポイント できなかったら、ここを 読《よ》んで 直《なお》そう！

① (1)「才」、(3)「羽」、(5)「雨」、(6)「水」のように、たて線《せん》を、左がわに はねる ものが 多《おお》く あります。

② (2)「半」の たて線《せん》は 上に、(6)「書」の 「⺕」の まん中の よこ線《せん》は 右に つき出ます。(5)「午」の たて線《せん》は 上に つき出ないように 書《か》きます。

2 国語 かん字 なかまの かん字(1)

① (1)小鳥・犬 (2)牛・馬 (3)魚・貝 (4)米・花 (5)麦 (6)竹

② (1)谷・風 (2)岩・海 (3)晴 (4)星 (5)池・林 (6)雪 (7)雲

ポイント

① (4)「米」は、「丷」の むきにも 気を つけましょう。

② (6)の「雪」、(7)の「雲」の「⻗」の 形《かたち》を「雨」と 書《か》かないように しましょう。

3 国語 かん字

なかまの かん字⑵

①
⑴朝 ⑵昼 ⑶夜

②
⑴東 ⑵西・方角 ⑶前・後 ⑷北・南

③
⑴春 ⑵夏 ⑶秋 ⑷冬

④
⑴父・母 ⑵兄・弟 ⑶姉・妹

3ページ

ポイント

①⑶「夜」の「夕」の 形《かたち》を しっかり おぼえましょう。

②⑷「南」の「𢆉」の たて線《せん》は、上に つき出ないように 書《か》きましょう。

③⑴「春」の「𡗗」の よこ線《せん》は 三本です。

④⑴「母」の 中は 点《てん》 二つです。「母」と 書《か》かないように しましょう。

⑵⑶「兄弟《きょうだい》」、「姉妹《しまい》」と いう ことばも、おぼえて おきましょう。

さいしゅうチェック1

❶ □に かん字を 書《か》きましょう。

⑴ はる □

⑵ なつ □

⑶ あき □

⑷ ふゆ □

⑸ あさ □

⑹ ひる □

⑺ よる □

答《こた》えは 12ページ

4 こくご かん字

なかまの かん字⑶

①
⑴毛 ⑵顔 ⑶首 ⑷頭 ⑸体

②
⑴黄色 ⑵黒・茶色

③
⑴公園 ⑵市・店 ⑶家・寺 ⑷台・戸

④
⑴船 ⑵汽・電

4ページ

ポイント

①⑵⑷「顔」と「頭」の 右がわは、「頁」で 同《おな》じ 形《かたち》です。

②⑴「黄」の「由」の たて線《せん》は、上に つき出ますが、下には つき出ません。

③⑶「家」の「豕」の 線《せん》の 数《かず》を たしかめて おきましょう。

④⑴「船」の「舟」の 点《てん》は 二つです。それぞれの むきに 気を つけましょう。

さいしゅうチェック2

❶ □に かん字を 書《か》きましょう。

⑴ あたま □

⑵ かお □

⑶ きいろ □□

⑷ いえ □

⑸ みせ □

5 かん字 なかまの かん字⑷

5ページ

①
⑴年・組 ⑵遠足 ⑶当番 ⑷教室 ⑸本・読 ⑹学校・先

②
⑴体 ⑵生活科 ⑶国語・算数 ⑷音楽・歌 ⑸理科・社会 ⑹図画工作

ポイント

①②⑷の「教」の「𠂒」は 右上へ はらいます。⑶「数」の「夂」、⑸「理」の「𤣩」は、それぞれ 右上へ はらいます。⑶の「国」の「玉」、⑹「図」の「㐅」の 形《かたち》を しっかり おぼえて おきましょう。⑷の「歌」は、「欠」の 形《かたち》に 気を つけて 書《か》きましょう。⑹で、「画」の「田」の まん中の たて線《せん》は、上に つき出ません。

さいしゅうチェック3

❶ □に かん字を 書《か》きましょう。

⑴ こくご
⑵ さんすう
⑶ おんがく
⑷ きょうしつ
⑸ えんそく

6 かん字 形《かたち》の にた かん字

6ページ

①
（右から）⑴犬・太 ⑵外・多 ⑶行・何 ⑷光・元 ⑸分・今 ⑹新・親

②
⑴午にゅう 牛
⑵自かざり 首
⑶小年 少
⑷東北池方 地
⑸一方円さつ 万

ポイント

① それぞれの かん字の、形《かたち》が ちがう ところに 気を つけて 書《か》きましょう。
⑴「犬」と「太」は、点《てん》の いちに 気を つけましょう。
⑹「新」と「親」は、右がわの 形《かたち》が ちがいます。

② ⑴「牛」の たて線《せん》は、上に つき出ます。
⑷「池」は「いけ」、「地」は「つち・ところ」と いう いみです。

さいしゅうチェック4

❶ □に かん字を 書《か》きましょう。

⑴ ぎゅうにく
⑵ じぶん
⑶ あたらしい
⑷ ほうがく

7 国語

かん字

かん字の くみ立て

7ページ

1 (1)線 (2)絵 (3)組 (4)細 (5)紙

2 (1)記 (2)計 (3)語・話

3 (1)週・遠 (2)近道・通

ポイント

1 「糸」を もつ かん字には、「糸」や 「おりもの」に かんけいの ある ものが あります。

2 「言」を もつ かん字には、「言《い》う こと」や 「ことば」に かんけいの ある ものが 多《おお》く あります。

3 「辶」を もつ かん字には、「道《みち》」や 「すすむ こと」に かんけいの ある ものが 多《おお》く あります。「辶」は、「、 ㇇ 辶」の 三画《かく》で 書《か》きます。

さいしゅうチェック5

1 □に かん字を 書《か》きましょう。

(1) 手《て》□《がみ》

(2) □《ほそ》い

(3) □《はな》し声《ごえ》

(4) 通《とお》り□《みち》

(5) □《とお》い

(6) 合《ごう》□《けい》金がく

8 国語

かん字

かん字の つかいかた(1)

8ページ

1 (右から) (1)引・弓 (2)心・思 (3)肉・内 (4)間・門 (5)里・野 (6)止・歩

2 (1)点 (2)答・言 (3)交通 (4)木・鳴

ポイント

1 (1)は 「丨」が あるか ないか、(2)は 「田」が あるか ないかの ちがいです。
(3)は、「冂」の 中の 形《かたち》に 気を つけます。「肉」は 「仌」、「内」は 「人」です。

2 (1)の 「店」は 「しなものを 売《う》る ところ」、「点」は 「小さな しるし」と いう いみです。

さいしゅうチェック6

1 □に かん字を 書《か》きましょう。

(1) □《しん》ぞう

(2) □《こた》え合《あ》わせ

(3) 校《こう》□《もん》

(4) □《や》きゅう場《じょう》

(5) 書《しょ》□《てん》

(6) 校《こう》□《ない》ほうそう

国語

9 かん字 かん字の つかいかた(2)

1 (右から)(1)公・工 (2)頭・当 (3)京・強
(4)時・自 (5)原・元 (6)用・曜

2 (右から)(1)方・形 (2)会・合
(3)花・火 (4)木・黄 (5)明・空

ポイント

1 (1)「公」は「多《おお》くの 人びと」、「工」は「人が ものを つくる」と いう いみです。
(2)「当」は「じゅん番《ばん》などが あたる」と いう いみです。

2 (2)「人に あう」ときは「会」、「ものが ぴったりと あう」ときは「合」を つかいます。
(5)「明」には、「明《あか》るい」、「せつ明《めい》」、「明《あ》け方《がた》・明《あ》くる日」など、読《よ》み方《かた》が たくさん あります。「家《いえ》を 空《あ》ける」の「空ける」は、「ものや 場《ば》しょなどを つかわないように する」と いう いみです。

さいしゅうチェック7

1 □に かん字を 書《か》きましょう。

(1) □《こう》場《じょう》
(2) □《とう》日《じつ》
(3) □《き》みどり
(4) 金《きん》□《よう》日《び》

国語

10 かん字 おくりがなの つく かん字

1 (1)広い (2)直す (3)回す
(4)食べる (5)帰る (6)丸める
(7)考える (8)同じ

2 (1)高い (2)長い (3)行く・来る
(4)売る・買う (5)強い・弱い
(6)古い・新しい

ポイント

1 (3)の「回す」「回さない」、(5)「帰る」「帰らない」のように、ふつう、ことばが かわる ところから おくりがなを つけます。

2 「ひくい 木」⇔「たかい 木」のように、みじかい 文に して みましょう。はんたいの いみが わかりやすく なります。

さいしゅうチェック8

1 おくりがなの 正しい ほうを、◯で かこみましょう。

(1) まるい {丸るい / 丸い}
(2) かんがえる {考える / 考る}
(3) あかい {赤い / 赤かい}
(4) あたらしい {新しい / 新らしい}

11 国語

かたかな(1)

かたかな

11ページ

①
(1)タオル　(2)オルガン　(3)ペンギン
(4)ビスケット　(5)マッチ　(6)エレベーター
(7)シチュー　(8)キャラメル

②
(1)ネクク|タイ・ワイシャシ|ツ
(2)マフテ|ラー・ユ|コート
(3)ア|マヨネーズ・ン|ソース
(4)ポップコーソ|ン・ケ|クッキー

ポイント

① (6)の 「エレベーター」、(7)の 「シチュー」のような 「のばす 音」は、「ー」を つかいます。(6)「エレベエ|タア|」、(7)「シチュウ|」と 書《か》かないように しましょう。

② かたかなには、形《かたち》の にて いる 字が 多《おお》く あります。正しい 字の 形《かたち》を しっかり おぼえましょう。

\ さいしゅうチェック9 /

❶ つぎの ことばを、（ ）に かたかなで 書《か》きましょう。

(1) おうとばい
（　　　　）

(2) かったあ
（　　　　）

12 国語

かたかな(2)

かたかな

12ページ

①
(1)ドイツ・フランス　(2)エジソン・イソップ
(3)ワンピース・テニス
(4)ガタガタ・ピヨピヨ
※ことばの じゅんは それぞれ ちがっても よい。

②
(1)ベル・チリン　(2)オーストラリア・コアラ
(3)デパート・セーター
※ことばの じゅんは それぞれ ちがっても よい。

ポイント

② ① の (1)~(4)の どれに あてはまる かたかなの ことばかを 考《かんが》えます。

(1)の 「ベル」、(2)の 「コアラ」、(3)の 「デパート」、「セーター」は、「外国《がいこく》から 来《き》た ことば」です。

(1)の 「チリン」は 「ものの 音」で、(2)の 「オーストラリア」は 「外国《がいこく》の 国《くに》の 名前《なまえ》」です。

【おうちの方《かた》へ】 生活科《せいかつか》や理科《りか》の教科書《きょうかしょ》のように、動物《どうぶつ》や植物《しょくぶつ》の名前《なまえ》をかたかなで書《か》く場合《ばあい》もあります。

\ さいしゅうチェック10 /

❶ かたかなで 書《か》く ことばを えらんで、（　）で かこみましょう。

(1) ｛くりっぷ じょうぎ｝

(2) ｛からあげ はんばあぐ｝

国語

13 ことばの きまり はんたいの いみの ことば

13ページ

❶ (1)細い (2)強い

❷ (1)おす (2)止まる

❸ (1)遠い〈とおい〉 (2)少ない〈すくない〉 (3)ひろう (4)かつ (5)ひくい (6)さむい

ポイント

❶ (1)「太い ひも」、(2)「弱い 力」のように、何《なに》の ようすを あらわす ことばかを 考《かんが》えましょう。

❷ (1)「台《だい》を 引く」、(2)「車が うごく」のように、何《なに》の うごきを あらわす ことばかを 考《かんが》えましょう。

❸ (5)の 「高《たか》い」は、「せたけの 長《なが》さ」を あらわします。「ねだんが 高《たか》い」ときの はんたいの いみの ことばは、「やすい」です。(6)の 「あつい」は、気おんが 高《たか》い ことを あらわします。

さいしゅうチェック11

❶ □と はんたいの いみの ことばを、（ ）に 書《か》きましょう。

(1) ねだんが [高《たか》い]。 ↕ （ ）

(2) シャツを [ぬぐ]。 ↕ （ ）

国語

14 ことばの きまり ようすを あらわす ことば

14ページ

❶ (1)明るい (2)高い (3)長い (4)近い (5)おもい

❷ (1)れい たくさん・ザーザー・強く
(2)れい バタンと・いきおいよく・しっかり
(3)れい たくさん・チョキチョキ・きれいに

ポイント

❶ (4)は「家《いえ》から 学校まで」の きょり、(5)は「父《ちち》の にもつ」の おもさを あらわす ことばを えらびます。

❷ 絵《え》の ようすから、(1)雨が どのように ふって いるのか、(2)戸《と》を どのように しめて いるのか、(3)紙《かみ》を どのように 切《き》ったのかを 考《かんが》えます。

さいしゅうチェック12

❶ 文に 合《あ》う ことばを、○で かこみましょう。

(1) 雨が {コロコロ／ザーザー} ふる。

(2) 本を {ふらふら／ぱらぱら} めくる。

(3) ドアを {ブンブン／ドンドン} たたく。

15 国語

ことばの きまり

文の 組《く》み立《た》て(1)

15ページ

① (1)ねこが (2)かえるが

② (1)父が (2)男の子が

③ (1)およぐ (2)歩く (3)とける (4)歌う (5)とぶ

ポイント

① (1)の「ねこが」、(2)の「かえるが」の「が」までを書《か》くように しましょう。また、(2)の「みどり色《いろ》の」は、「かえる」を くわしく する ことばです。答《こた》えに 書《か》かないように しましょう。

「何《なに》が（は）」や「だれが（は）」に あたる ことばを「主語《しゅご》」と いいます。

③ 「どう する」は、うごきや どうさを あらわす ことばです。ふつう、文の おわりに あります。

\ さいしゅうチェック13 /

❶ 「どう する」に あたる ことばを、（ ）に 書《か》きましょう。

(1) 白い 犬が 走《はし》る。（ ）

(2) こいが えさを 食《た》べる。（ ）

(3) 木の 上の 鳥《とり》が 鳴《な》く。（ ）

16 国語

ことばの きまり

文の 組《く》み立《た》て(2)

16ページ

① (1)おもい (2)長い

② (1)くだものだ (2)虫だ

③ (1)れい うさぎが、にんじんを食べる。 (2)れい ゆうたが、ボールを強くける。 (3)れい おかあさんが、さらをきれいにあらう。

ポイント

① 「どんなだ」は、ようすを あらわす ことばです。ふつう、文の おわりに あります。

② 「なんだ」は、ものごとを あらわす ことばです。ふつう、文の おわりに あります。

「どう する」「どんなだ」「なんだ」に あたる ことばを「じゅつ語《ご》」と いいます。

③ まず、絵《え》の 中に いる ものや 人を 考《かんが》えます。つぎに、それぞれが 何《なに》を して いるかを 考《かんが》えます。(2)(3)では、「どのように」して いるのかも 考《かんが》えて 文を 作《つく》る ように しましょう。

\ さいしゅうチェック14 /

❶ 「どんなだ」に あたる ことばを、（ ）に 書《か》きましょう。

(1) ふろの おゆが あつい。（ ）

(2) さくらの 花が きれいだ。（ ）

17 ことばの きまり 丸《まる》・点《てん》・かぎ(1)

17ページ

1 (1)~かきました。　~かきました。
　~かきました。
(2)~たん生日でした。　~なりました。
　~しました。

2 (1)兄は、~。　(2)母は、~。
(3)きのう、~。　(4)~あついので、~。
(5)~帰って、~。

ポイント

1 丸《まる》(。)は、文の おわりに つけます。
(1)、(2)とも、三つの 文が 入って います。

2 点《てん》(、)は、文の 中の いみの 切《き》れ目《め》に つけましょう。

さいしゅうチェック15

1 点《てん》(、)と 丸《まる》(。)が 正しく ついて いる 文を 二つ えらんで、記《き》ごうを ○で かこみましょう。

ア きのう。公園《こうえん》で あそんだ、
イ きょう、弟《おとうと》と 公園《こうえん》に 行《い》った。
ウ 家《いえ》に 帰《かえ》って、テレビを 見た。
エ 早く 帰《かえ》って。しゅくだいを した。

18 ことばの きまり 丸《まる》・点《てん》・かぎ(2)

18ページ

1 (1)「いっしょに あそぼう。」
(2)「公園へ 行こう。」
(3)「おはようございます。」
(4)「おやすみなさい。」

2 (1)①ぼく、はしっている。
②ぼくは、しっている。
(2)①ここで、はきものをぬぐ。
②ここでは、きものをぬぐ。

ポイント

1 かぎ(「 」)は、会話《かいわ》など 人が 話《はな》した ことばに つけます。また、一つの ことばや 一つの 文、長《なが》い 文しょうに つける ことも あります。

2 点《てん》を つける いちに よって、文の いみが かわる ことが あります。気を つけましょう。

さいしゅうチェック16

1 〈 〉の いみに なるように、点《てん》(、)を 一つずつ つけて、文を 書《か》きましょう。

(1) ぼくはいった。〈行《い》った〉（　　　　）
(2) ぼくはかった。〈買《か》った〉（　　　　）

19 国語

読解《どっかい》 ものがたりの 読《よ》みとり(1)

19ページ

1 れい 日当たりの よい しゃ面に つくられた あなの 中

※「あな」や「あなの 中」で ある ことが わかれば 正かいです。

2 かれは

3 まあるい 月 ※「月」だけでも 正かいです。

4 (1)ブランコ (2)あそんで

ポイント

1 「しゃ面《めん》」では ありません。そこに つくられた あなの 中に すんで います。

2 親子《おやこ》の ヒグマが うとうとして ねて いるのは、「かれは の ベッド」です。

3 4 「まあるい 月が いるのを 見つけました。」と あります。くらい 夜《よる》だったのは、月が 空に いなかったからです。

\さいしゅうチェック17/

■つぎの 文しょうを 読《よ》んで、もんだいに 答《こた》えましょう。

> ひろしは、魚《さかな》が すきで、川で つかまえた 魚《さかな》を 家《いえ》の 水そうに 入れて、その ようすを 見て いました。

1 ひろしが すきな ものは、なんですか

（　　）

---

20 国語

読解《どっかい》 ものがたりの 読《よ》みとり(2)

20ページ

1 母さんぐま〈お母さん〉

2 れい 会いに 行って こよう（と 言った）

※「会《あ》いに 行《い》く」と いう ことが 書《か》いて あれば 正かいです。

ポイント

1 さい後《ご》の 文の 「子ぐまたちは～。」を 読《よ》みましょう。外《そと》の せかいの ことを 子ぐまたちに 教《おし》えて いるのは、母《かあ》さんぐまだと わかります。

2 さくら子の 名前《なまえ》に ついて 話《はな》した 後《あと》、母《かあ》さんは 「そうだ、この 夏休《なつやす》みに～。」と 言《い》って います。ここから 考《かんが》えます。

\さいしゅうチェック18/

■つぎの 文しょうを 読《よ》んで、もんだいに 答《こた》えましょう。

> たかしは、大声《おおごえ》で よびました。
> 「早く もどれ。」
> すると、校ていに いた あきらたちは、教室《きょうしつ》に 走《はし》って きました。

1 「　」は、だれが 言《い》った ことばですか。名前《なまえ》を 書《か》きましょう。

（　　）

21 国語 読解《どっかい》 せつ明文《めいぶん》の　読《よ》みとり(1)

21ページ

❶ ラクダ

❷ しぼう〈しぼうと　いう　えいよう〉

※「えいよう」だけでも　正かいですが、「しぼう」と　答《こた》えるように　しましょう。

❸ (1)（わたしたちの）口の　中

※「口」や「口の中」で　ある　ことが　わかれば　正かいです。

(2) れい 食べものの　かす

ポイント

❷「こぶの　中には、しぼうと　いう～たくわえられて　います。」という　文から　読《よ》みとれます。

❸ (2) 二つ目の　文に「それを　えさに　して」と　あります。「それ」とは、「食《た》べものの　かす」を　さして　います。

さいしゅうチェック19

■つぎの　文しょうを　読《よ》んで、もんだいに　答《こた》えましょう。

ありは、あまい　みつが　大すきです。あまい　ものを　見つけると、たくさんの　ありが　あつまって　きます。

❶ ありは、どんな　ものが　すきですか。

〔（　　　　）みつ〕

---

22 国語 読解《どっかい》 せつ明文《めいぶん》の　読《よ》みとり(2)

22ページ

❶ れい はりが　とび出して　きて、あいてを　さす

❷ れい たねを　つつんで　いる　かわや　肉が、めばえを　止める　はたらきを　して　いるから。

ポイント

❶❷ 二つ目の　文で　せつ明《めい》して　います。四つ目の　文の「それは、～からです。」を　読《よ》みましょう。「～からです。」は、理《り》ゆうを　せつ明《めい》する　ときに　つかわれる　ことばです。

さいしゅうチェック20

■つぎの　文しょうを　読《よ》んで、もんだいに　答《こた》えましょう。

ねこは、人間《にんげん》が　見えないような　くらい　ところでも、ものを　見分《みわ》ける　ことが　できます。

❶ ねこは、どんな　ところで　ものを　見分《みわ》ける　ことが　できますか。合《あ》う　ほうの　記《き》ごうを、○で　かこみましょう。

㋐ 人間《にんげん》が　見えるような　くらい　ところ。

㋑ 人間《にんげん》が　見えないような　くらい　ところ。

23 国語 作文《さくぶん》 作文《さくぶん》(1)

23ページ

❶ (1)犬 (2)金魚〈魚〉

❷ (1)ボール (2)ハンカチ

❸ (1)川〈小川〉 (2)野原〈原っぱ・広場〉

❹ (1)パンダ (2)えさ〈ささ〉

※❶～❹とも、その ものや 場《ば》しょを あらわす ことばで あれば、正かいです。

ポイント

❶ (1)は えさを 食《た》べて いる もの、(2)は およいで いる ものを 書《か》きます。

❷ (1)は 犬が おいかけて いる もの、(2)は 女の子が ひろって いる ものを 書《か》きます。

「どこで」は 場《ば》しょを あらわす ことばを 書《か》きます。

❹❸ (1)は おりの 中に いる もの、(2)は パンダが 食《た》べて いる ものを 書《か》きます。

さいしゅうチェック21

❶ 「何《なに》が」に あたる ことばを （ ）に 書《か》きましょう。

(1) ねこが、ミルクを なめる。（ ）

(2) ハムスターが、えさを 食《た》べる。（ ）

24 国語 作文《さくぶん》 作文《さくぶん》(2)

24ページ

❶ (1) れい へいの上を歩く。

(2) れい 池をおよぐ。

(3) れい 男の子が、あみでちょうをつかまえる。

❷ (1) れい きれいな花がさいた。

(2) れい すると、紙ひこうきは、遠くまでとんだ。

ポイント

❷ (1)(2)とも、右がわの 絵《え》から 左がわの 絵《え》に つづくような 文を 考《かんが》えましょう。

さいしゅうチェック 答《こた》え

1 ❶ (1)春 (2)夏 (3)秋 (4)冬 (5)朝 (6)昼 (7)夜

2 ❶ (1)頭 (2)顔 (3)黄色 (4)家 (5)店

3 ❶ (1)国語 (2)算数 (3)音楽 (4)教室 (5)遠足

4 ❶ (1)牛肉 (2)自分 (3)新 (4)方角

5 ❶ (1)紙 (2)細 (3)話 (4)道 (5)遠 (6)計

6 ❶ (1)心 (2)答 (3)門 (4)野 (5)店 (6)内

7 ❶ (1)エ (2)当 (3)黄 (4)曜

8 ❶ (1)丸い (2)考える (3)赤い (4)新しい に◯

9 ❶ (1)オートバイ (2)カッター

10 ❶ (1)くりっぷ (2)はんばあぐ に◯

11 ❶ (1)やすい (2)きる

12 ❶ (1)ザーザー (2)ぱらぱら (3)ドンドン に◯

13 ❶ (1)走る (2)食べる (3)鳴く

14 ❶ (1)あつい (2)きれいだ

15 ❶ ㋑・㋒ に◯

16 ❶ (1)ぼくは、いった。 (2)ぼくは、かった。

17 ❶ （川で つかまえた）魚

18 ❶ たかし

19 ❶ あまい

20 ❶ ㋑ に◯

21 ❶ (1)ねこが (2)ハムスターが

国語《こくご》 しあげテスト

25ページ

1 ①体 ②合

2 （生まれて）六か月

3 にゅう歯

4 二十本

5 あご

6 えいきゅう歯が 出て くる

〈えいきゅう歯が 生える〉

ポイント

1 ①「体」は 七画《ななかく》で 書《か》く かん字です。「休」と 形《かたち》が にて いるので、ちゅういしましょう。

②「あう」と いう かん字には、「合う」と「会う」が あります。ここでは、歯《は》が あごに あうと いう 文なので、同《おな》じに なると いう いみの「合う」が 正かいです。人に「あう」ときには、「会う」と 書《か》きます。

2 文しょうの はじめに、「歯《は》は、生まれて 六か月くらいから 生えて きて」と あります。「二さいから 三さい」は、歯《は》が そろう ときです。

3 「この 歯《は》を、『にゅう歯《し》』と いいます。」と 書《か》かれて います。ひらがなで 書《か》いても かん字で 書《か》いても 正かいです。

4 「全部《ぜんぶ》で 二十本 あります。」と 書《か》かれて います。

5 「せが のびて、からだが 大きく なると、あごも ずっと 大きく なります。」と いう ぶぶんに ちゅうもくしましょう。

6 文しょうの さい後《ご》の まとまりを 読《よ》んで みましょう。「にゅう歯《し》の 下には、えいきゅう歯《し》が よういされて います。にゅう歯《し》が ぬけたら、えいきゅう歯《し》が 出て くるのです。」と 書《か》かれて います。にゅう歯《し》が ぬけると、にゅう歯《し》の 下に よういされて いる えいきゅう歯《し》が 生えて くるのです。

ちょっと

先《さき》どりドリル 国語《こくご》

三年生で ならう かん字

みんなより ひと足先に、三年生の かん字を ちょっとだけ べん強《きょう》してみよう！

ぜんぶ できたら「合《ごう》かくシール」をはろう！

1 □と □に かん字を 書《か》きましょう。うすい 字は、数字《すうじ》の じゅんに なぞりましょう。

(1) イ(にんべん)…

□《さく》文《ぶん》。

□《からだ》を きたえる。

仕《し》事《ごと》。

図書《としょ》の 係《かかり》。

□は、三年生で ならう かん字だよ。

(2) 糸(いとへん)…

□《え》本《ほん》。

□《せん》を □《ほそ》く 引《ひ》く。

学《がっ》級《きゅう》会《かい》で そうだんする。

緑《みどり》色《いろ》の かばん。

2 書《か》きじゅんに 気を つけて、□の かん字を なぞりましょう。

(1) イ(にんべん)…

係《かかり》の 仕《し》事《ごと》。

(2) 糸(いとへん)…

学《がっ》級《きゅう》会《かい》で そうだんする。

緑《みどり》色《いろ》。

3 書《か》きじゅんに 気を つけて、□に かん字を 書《か》きましょう。

(1) 学《がっ》□《きゅう》の □《かかり》の □《し》事《ごと》を きめる。

(2) □《みどり》色《いろ》の えのぐを つかう。

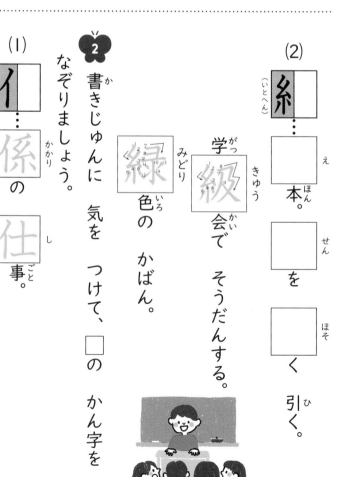

4

□と □に かん字を 書《か》きましょう。うすい 字は、数字《すうじ》の じゅんに なぞりましょう。

(1) 氵（さんずい）…… □《いけ》の 水。

□《うみ》で 泳《およ》ぐ。

魚《さかな》を 油《あぶら》で あげる。

漢《かん》字《じ》。

(2) 艹（くさかんむり）…… □《はな》が さく。

□《ちゃ》色《いろ》の かばん。

さくらの 葉《は》っぱ。

よごれが 落《お》ちる。

5

書《か》きじゅんに 気を つけて、□の かん字を なぞりましょう。

(1) 氵（さんずい）…… 泳《およ》ぐ。

油《あぶら》で あげる。

漢《かん》字《じ》。

(2) 艹（くさかんむり）……すみれの 葉《は》っぱ。

よごれが 落《お》ちる。

6

書《か》きじゅんに 気を つけて、□に かん字を 書《か》きましょう。

(1) □《およ》ぐ。

□《あぶら》で あげる。

□《かん》字《じ》。

(2) さくらの □《は》っぱが □《お》ちる。

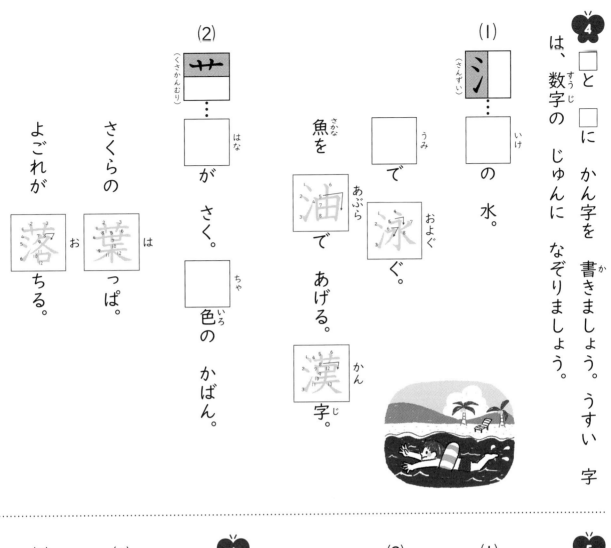

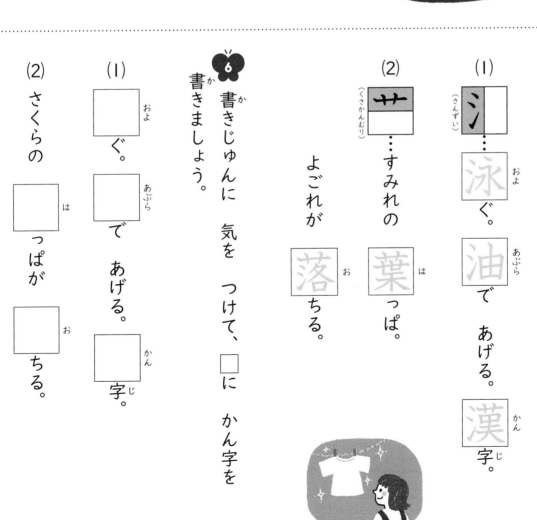

7 書《か》きじゅんに 気を つけて 書《か》きましょう。

（ ）は おくりがな。《 》は 小学校で ならわない 読《よ》み方《かた》。

仕　読《よ》み方《かた》　シ・《ジ》　つか(える)

級　読《よ》み方《かた》　キュウ

泳　読《よ》み方《かた》　エイ・およ(ぐ)

漢　読《よ》み方《かた》　カン

落　読《よ》み方《かた》　ラク・お(ちる)・お(とす)

係　読《よ》み方《かた》　ケイ・かか(る)・かかり

緑　読《よ》み方《かた》　リョク・《ロク》・みどり

油　読《よ》み方《かた》　ユ・あぶら

葉　読《よ》み方《かた》　ヨウ・は

8 □に かん字を 書《か》きましょう。

(1) 学《がっ》□《きゅう》会《かい》で、□《かかり》の □《し》事《ごと》を きめる。

(2) □《みどり》色《いろ》の、すみれの □《は》っぱ。

(3) □《あぶら》よごれを □《お》とす。

(4) すいすい □《およ》ぐ。

(5) □《かん》字《じ》を 書《か》く。

先どりドリル 答《こた》え

1 ※うすい 字は ていねいに 書《か》きましょう。 (1)作・体 (2)絵・線・細

2 (1)(2)※ていねいに 書《か》きましょう。

3 (1)級・係・仕 (2)緑

4 ※うすい 字は ていねいに 書《か》きましょう。 (1)池・海 (2)花・茶

5 (1)(2)※ていねいに 書《か》きましょう。

6 (1)泳・油・漢 (2)葉・落

7 ※ていねいに 書《か》きましょう。

8 (1)級・係・仕 (2)緑・葉 (3)油・落 (4)泳 (5)漢

② かけ算《ざん》 □×3＝21

わり算《ざん》 21÷3＝□

③ かけ算《ざん》 □×4＝16

わり算《ざん》 16÷4＝□

④ □×5＝45

45÷5＝□

⑤ □×6＝42

42÷6＝□

⑥ □×7＝35

35÷7＝□

⑦ □×8＝48

48÷8＝□

⑧ □×9＝72

72÷9＝□

先どりドリル 答《こた》え

1 ①8 ②14 ③6 ④18 ⑤12 ⑥36 ⑦25 ⑧24 ⑨42 ⑩21 ⑪56 ⑫16 ⑬81

2 ①3 ②6 ③5 ④2 ⑤6 ⑥4 ⑦9 ⑧3 ⑨5 ⑩9 ⑪7 ⑫4 ⑬8

3 ①4, 4 ②5, 5 ③6, 6 ④4, 4 ⑤3, 3 ⑥4, 4 ⑦5, 5 ⑧6, 6

4 ①5, 5 ②7, 7 ③4, 4 ④9, 9 ⑤7, 7 ⑥5, 5 ⑦6, 6 ⑧8, 8

3 〈れい〉のように □に あてはまる 数《かず》を 書《か》いて，わり算《ざん》を しましょう。

〈れい〉

かけ算《ざん》　　　わり算《ざん》（六わる二は三）

2×[3]＝6，6÷2＝[3]

3×[4]＝12，12÷3＝[4]

［÷は ÷（…② …① …③）の じゅんに 書《か》きます。］

かけ算《ざん》

① 2×□＝8

わり算《ざん》

8÷2＝□

かけ算《ざん》

② 3×□＝15

わり算《ざん》

15÷3＝□

かけ算《ざん》

③ 4×□＝24

わり算《ざん》

24÷4＝□

④ 5×□＝20

20÷5＝□

⑤ 6×□＝18

18÷6＝□

⑥ 7×□＝28

28÷7＝□

⑦ 8×□＝40

40÷8＝□

⑧ 9×□＝54

54÷9＝□

4 〈れい〉のように □に あてはまる 数《かず》を 書《か》きましょう。

〈れい〉

かけ算《ざん》　　　わり算《ざん》

[2]×3＝6，6÷3＝[2]

かけ算《ざん》　　　わり算《ざん》

[5]×4＝20，20÷4＝[5]

かけ算《ざん》

① □×2＝10

わり算《ざん》

10÷2＝□

ちょっと 先どりドリル 算数《さんすう》

3年生《ねんせい》で ならう わり算《ざん》

ぜんぶ できたら 「合《ごう》かくシール」 を はろう！

みんなより ひと足先に 3年生《ねんせい》で ならう
わり算《ざん》を ちょっとだけ
べん強《きょう》してみよう！

1 計算《けいさん》を しましょう。〔九九の ふくしゅう〕

① 2×4＝

② 2×7＝

③ 3×2＝

④ 3×6＝

⑤ 4×3＝

⑥ 4×9＝

⑦ 5×5＝

⑧ 6×4＝

⑨ 6×7＝

⑩ 7×3＝

⑪ 7×8＝

⑫ 8×2＝

⑬ 9×9＝

2 □に あてはまる 数《かず》を 書《か》き ましょう。

① 2×□＝6

② 2×□＝12

③ 3×□＝15

④ 4×□＝8

⑤ 4×□＝24

⑥ 5×□＝20

⑦ 5×□＝45

⑧ 6×□＝18

⑨ 7×□＝35

⑩ 7×□＝63

⑪ 8×□＝56

⑫ 9×□＝36

⑬ 9×□＝72

算《さん》数《すう》 しあげテスト

26ページ

1 ①72　②15　③63

④91　⑤130　⑥5

⑦98

2 （左から）2cm2mm，5cm，

11cm5mm，13cm7mm

3 三角形《さんかくけい》…㋑，㋗，㋙

四角形《しかくけい》…㋓，㋕

4 ①午後《ごご》5時《じ》53分《ぷん》

②午前《ごぜん》7時《じ》25分《ふん》

③午後《ごご》1時《じ》42分《ふん》

5 しき　5×3＝15，

15－3＝12

答《こた》え　12こ

ポイント

2 1cmが　いくつ分《ぶん》で，1mmが　いくつ分《ぶん》かを　きちんと　読《よ》みましょう。

3 ㋐，㋔，㋖は，直線《ちょくせん》で　ない　線《せん》で　かこまれて　いるので，㋘は　線《せん》が　はなれて　いるので，三角形《さんかくけい》や　四角形《しかくけい》では　ありません。

4 はりを　正しく　読《よ》みましょう。

正午《しょうご》（昼《ひる》の　12時《じ》）より　前《まえ》は　午前《ごぜん》，後《あと》は　午後《ごご》を　つけて　答《こた》えます。

5 ぜんぶの　りんごの　数《かず》から　食《た》べた　数《かず》を　ひきます。

⑤ 午後《ごご》3時《じ》の 15分前《ふんまえ》の 時《じ》こくを もとめます。

さいしゅうチェック32

❶ あさひさんの 家《いえ》から 学校まで，歩《ある》いて 15分《ふん》 かかります。午前《ごぜん》7時《じ》50分《ぷん》に 学校に つくには，家《いえ》を 午前何時何分《ごぜんなんじなんぷん》に 出ればよいですか。 (　　　　　　)

さいしゅうチェックの 答《こた》え

1 ❶①38 ②62 ③72

2 ❶①61 ②117 ③132 ④112 ⑤104 ⑥101

3 ❶①45 ②10 ③93 ④47 ⑤27 ⑥5

4 ❶①83 ②49 ③68 ④93

5 ❶①258 ②333 ③491 ④272 ⑤356 ⑥256

6 ❶①78 ②66 ③103

7 ❶①12 ②40 ③9 ④20 ⑤25 ⑥14 ⑦32 ⑧6 ⑨8 ⑩16

8 ❶①18 ②63 ③64 ④45 ⑤21 ⑥42 ⑦18 ⑧40 ⑨36 ⑩72

9 ❶①7 ②9 ❷2×8，4×4，8×2

10 ❶五百六 ❷①480 ②903 ❸693

11 ❶①350 ②999 ❷①> ②<

12 ❶七千三百六

❷①3700 ②8049 ❸5708

13 ❶①2400 ②8500

❷①> ②>

14 ❶① $\frac{1}{8}$ ② $\frac{1}{4}$ ③ $\frac{1}{2}$

15 ❶右の グラフ

わなげの せいせき

			○
	○		○
○	○		○
○	○	○	○
○	○	○	○
○	○	○	○
○	○	○	○
はるき	りこ	かいと	めい

16 ❶三角形《さんかくけい》…ⓘ，ⓚ 四角形《しかくけい》…ⓐ，ⓔ，ⓚ

17 ❶ⓘ

18 ❶長方形《ちょうほうけい》…ⓘ，正方形《せいほうけい》…ⓞ，直角三角形《ちょっかくさんかくけい》…ⓔ

19 ❶①2つ ②4つ ③8つ

20 ❶①午前《ごぜん》6時《じ》44分《ぷん》 ②午後《ごご》4時《じ》8分《ふん》

21 ❶4cm ❷①6mm ②18mm ③34mm

22 ❶5cm7mm〔57mm〕 ❷①18 ②135

23 ❶①> ②< ❷①7cm7mm ②4cm3mm ③2m ④3cm4mm ⑤2m70cm

24 ❶2L3dL ❷①25 ②（左から）1，8

25 ❶①3L9dL ②4L2dL ③2L8dL ④3L5dL

26 ❶(しき)15−7=8 (答《こた》え)8台

❷(しき)16+18=34 (答《こた》え)34人

27 ❶(しき)25−6=19 (答《こた》え)19こ

❷(しき)18+5=23 (答《こた》え)23人

28 ❶(しき)6+8=14〔8+6=14〕 (答《こた》え)14こ

❷(しき)23−7=16 (答《こた》え)16人

29 ❶(しき)18+15+5=38 または，18+(15+5)=38 (答《こた》え)38人

❷(しき)20−7−6=7 または，20−(7+6)=7 (答《こた》え)7こ

30 ❶(しき)6×9=54 (答《こた》え)54まい

❷(しき)7×4=28 (答《こた》え)28cm

31 ❶(しき)6×5=30，30+55=85 (答《こた》え)85円

❷(しき)3×7=21，40−21=19 (答《こた》え)19こ

32 ❶午前《ごぜん》7時《じ》35分《ふん》

④　3ばいの　数《かず》を　もとめるので，8×3です。

さいしゅうチェック30

❶ 色紙《いろがみ》を　6まいずつ　9人に　くばります。色紙《いろがみ》は　ぜんぶで　何《なん》まい　あれば　よいですか。

しき　　　　答《こた》え（　　　）

❷ 赤い　テープの　長《なが》さは　7cmです。青い　テープの　長《なが》さは，赤い　テープの　4ばいだそうです。青い　テープの　長《なが》さは　何《なん》cmですか。

しき　　　　答《こた》え（　　　）

算数 31 文しょうだい　かけ算《ざん》と　たし算《ざん》・ひき算《ざん》　28ページ

①

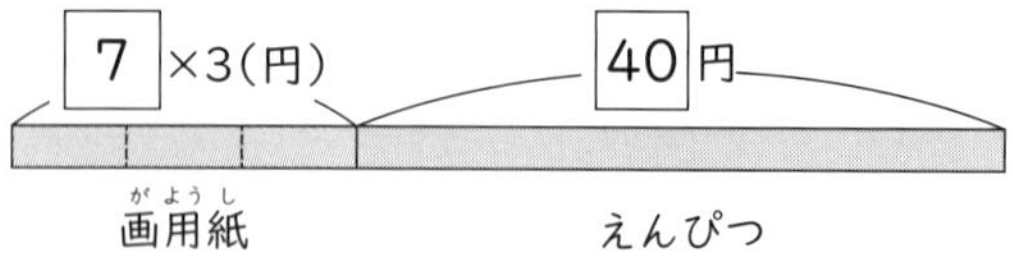

② しき　8×6＝48，48＋50＝98

答《こた》え　98円

③ しき　6×3＝18，18－7＝11

答《こた》え　11まい

④ しき　3×5＝15〔5×3＝15〕

答《こた》え　15こ

ポイント

- ②③ かけ算《ざん》と　たし算《ざん》か　ひき算《ざん》を　つかって　もとめます。

② あめの　だい金と　ガムの　だい金を　たします。まず，あめの　だい金を　かけ算《ざん》で　もとめます。

③ ぜんぶの　ガムの　数《かず》から　弟《おとうと》に　あげた　数《かず》を　ひきます。

④ ――の　まとまりか，------の　まとまりで，かけ算《ざん》を　考《かんが》えましょう。

さいしゅうチェック31

❶ 1まい　6円の　色紙《いろがみ》を　5まいと，55円の　のりを　買《か》いました。ぜんぶで　何《なん》円ですか。

しき

答《こた》え（　　　）

❷ みかんが　40こ　あります。3こずつ　7人に　くばると，のこりは　何《なん》こに　なりますか。

しき

答《こた》え（　　　）

算数 32 文しょうだい　時《じ》こくと　時間《じかん》　27ページ

① 15分《ふん》

② 1時間《じかん》

③ ①午後《ごご》2時《じ》50分《ぷん》

②午後《ごご》4時《じ》50分《ぷん》

④ 午前《ごぜん》10時《じ》

⑤ 午後《ごご》2時《じ》45分《ふん》

ポイント

- ①② 時間《じかん》を　もとめる　もんだいです。長《なが》い　はりが　どれだけ　うごいたかを　考《かんが》えます。わかりにくい　ときは，時計《とけい》を　見《み》て　考《かんが》えましょう。

① 長《なが》い　はりが　15目もり　うごくので　15分《ふん》です。

② 長《なが》い　はりが　1まわりするので　1時間《じかん》です。

- ③④ 時《じ》こくを　もとめる　もんだいです。

③ 今《いま》の　時《じ》こくは，午後《ごご》3時《じ》50分《ぷん》です。1時間前《じかんまえ》，1時間後《じかんあと》の　時こくを　もとめます。

④ 午前《ごぜん》9時《じ》35分《ふん》から　25分後《ふんあと》の　時《じ》こくを　もとめます。

＼さいしゅうチェック28／

❶ みかんを　6こ　食《た》べたら，のこりが　8こに　なりました。みかんは　はじめに　何《なん》こ　ありましたか。

しき　　　　答《こた》え（　　　）

❷ バスに　おきゃくさんが　7人のって　きたので，ぜんぶで　23人に　なりました。バスには　はじめ何《なん》人　のって　いましたか。

しき　　　　答《こた》え（　　　）

＼さいしゅうチェック29／

❶ 1年生が　18人，2年生が　15人います。そこへ　2年生が　5人きました。ぜんぶで　何《なん》人　いますか。1つの　しきに　あらわしてもとめましょう。

しき

答《こた》え（　　　）

❷ あめが　20こ　ありました。きのう　7こ，今日《きょう》　6こ　食《た》べました。のこりは　何《なん》こですか。1つの　しきに　あらわして　もとめましょう。

しき

答《こた》え（　　　）

文しょうだい

算数 29 たし算《ざん》と　ひき算《ざん》(4)

30ページ

① ①しき　13＋7＝20　答《こた》え　20台《だい》

②しき　9＋20＝29　答《こた》え　29台《だい》

② ①しき　6＋8＝14　答《こた》え　14まい

②しき　40−14＝26

答《こた》え　26まい

③ しき　25＋16＋14＝55

答《こた》え　55こ

ポイント

①② ぜんぶの　数《かず》は，もとの　数《かず》に　ふえた　数《かず》を　たします。

②② のこった　数《かず》は，もとの　数《かず》から　あげた　数《かず》を　ひきます。

③ たし算《ざん》では，じゅんに　たしても，まとめて　たしても，答《こた》えは　同《おな》じです。まとめてたす　ときは，（　）を　つかいます。（　）は　先《さき》に　計算《けいさん》します。

文しょうだい

算数 30 かけ算《ざん》

29ページ

① 3 × 5

② 6 × 2

③ しき　4×7＝28　答《こた》え　28本

④ しき　8×3＝24　答《こた》え　24まい

ポイント

- ①～④ もとめるのは　何《なに》かを　考《かんが》えて　しきを　つくります。

① ぜんぶの　みかんの　数《かず》を　もとめるので，3×5です。

② 2ばいの　数《かず》を　もとめるので，6×2です。

③ ぜんぶの　えんぴつの　数《かず》を　もとめるので，4×7です。

ポイント

①③　ぜんぶの　数《かず》を　もとめるので，たし算《ざん》に　なります。
②④　ちがいや　のこりの　数《かず》を　もとめるので，ひき算《ざん》に　なります。17－25や　9－32とは　しないように　気を　つけましょう。

さいしゅうチェック26

❶ 車が　15台《だい》　とまって　います。7台《だい》　出て　いきました。車は　何台《なんだい》　のこって　いますか。

しき　　　答《こた》え（　　　）

❷ 校ていに　1年生と　2年生が　います。1年生が　16人，2年生が　18人です。校ていには　ぜんぶで　何《なん》人いますか。

しき　　　答《こた》え（　　　）

算数 27 文しょうだい　たし算《ざん》と　ひき算《ざん》(2)　32ページ

①
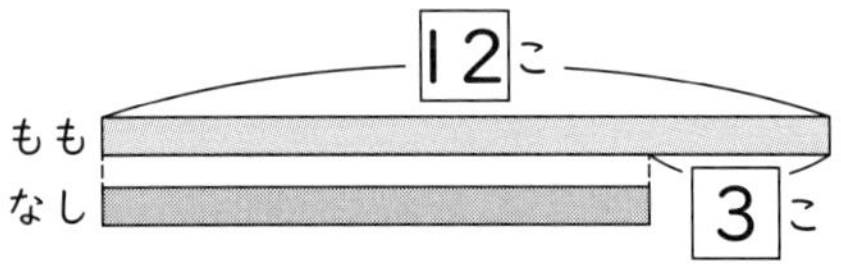

②
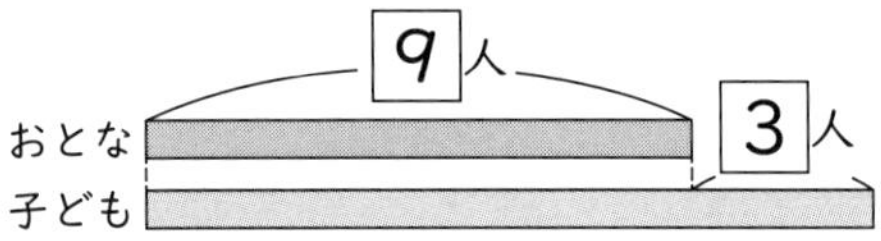

③ しき　70－15＝55　答《こた》え　55円

④ しき　18＋7＝25　答《こた》え　25まい

ポイント

③　けしゴムは，えんぴつより　15円　やすいので，ひき算《ざん》で　もとめます。
④　青い　色紙《いろがみ》は，赤い　色紙《いろがみ》より　7まい　多《おお》いので，たし算《ざん》で　もとめます。

さいしゅうチェック27

❶ みかんが　25こ　あります。みかんは，りんごより　6こ　多《おお》いそうです。りんごは　何《なん》こ　ありますか。

しき　　　答《こた》え（　　　）

❷ おとなが　18人　います。おとなは，子どもより　5人　少《すく》ないそうです。子どもは　何《なん》人　いますか。

しき　　　答《こた》え（　　　）

算数 28 文しょうだい　たし算《ざん》と　ひき算《ざん》(3)　31ページ

① しき　4＋7＝11〔7＋4＝11〕
答《こた》え　11まい

② しき　14－6＝8　答《こた》え　8人

③ しき　20－15＝5　答《こた》え　5人

④ しき　24－8＝16　答《こた》え　16わ

ポイント

● ①～④ もんだいを　よく　読《よ》んで，どんな　しきを　つくれば　よいか　考《かんが》えましょう。わかりにくい　ときは，図《ず》を　かいて　みましょう。

①
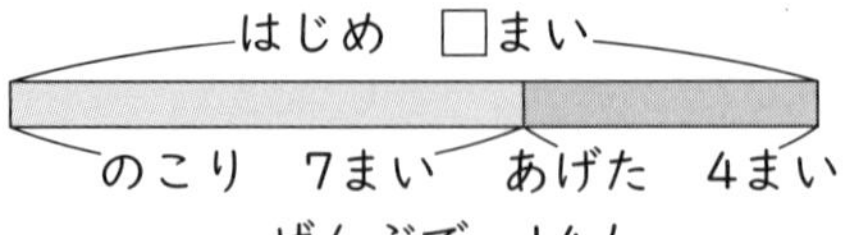

②
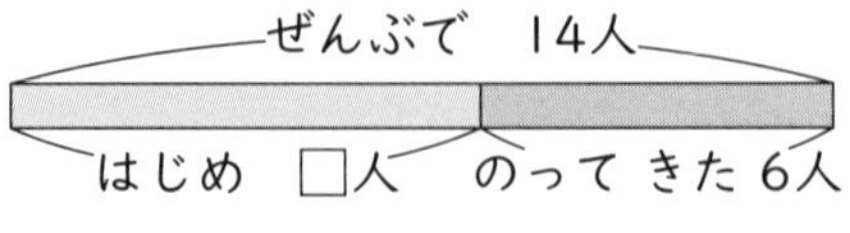

③
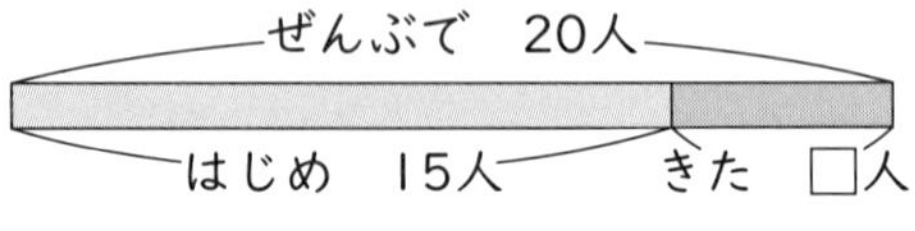

④
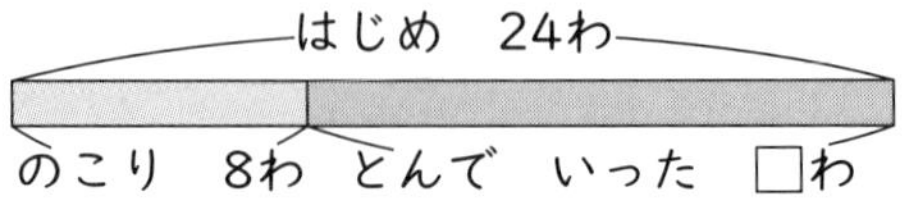

算数 24 そくてい
かさ(たいせき)(1)
35ページ

1 ㋑，㋒，㋔
2 ①3dL　②7dL
3 ①4L　②8L
4 ①1L1dL　②2L4dL
5 ①10　②13　③100　④1000

ポイント

1 　かさを　あらわす　たんいには，L，dL，mLが　あります。
2 ①　1dLが　3つ分《ぶん》ですから　3dLです。
②　1dLが　7つ分《ぶん》ですから　7dLです。
3 ①　1Lが　4つ分《ぶん》ですから　4Lです。
②　1Lが　8つ分《ぶん》ですから　8Lです。
4 　○L□dLと　答《こた》えます。
5 　1L＝10dL，1L＝1000mLを　おぼえて　おきましょう。
②　1L＝10dLだから，1L3dL＝13dL

さいしゅうチェック24

1 つぎの　水の　かさは，ぜんぶで　何《なん》L何《なん》dLですか。

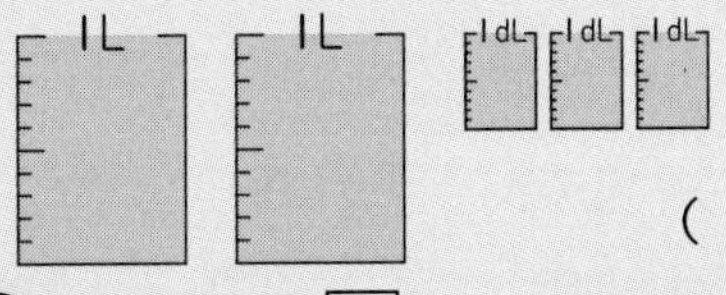

（　　　　　）

2 つぎの □に　あてはまる　数《かず》を　書《か》きましょう。
①　2L5dL＝□dL
②　18dL＝□L□dL

算数 25 そくてい
かさ(たいせき)(2)
34ページ

1 (左から)①3，1，2　②1，3，2
③2，3，1　④2，1，3
2 ①3L5dL　②2L7dL
3 ①2L3dL　②10L2dL
4 ①5L8dL　②4L1dL
5 ①1L5dL　②3L3dL

ポイント

1 　たんいを　そろえて　くらべましょう。
①②　1Lは　10dLです。
③④　1dLは　100mL，1Lは　1000mLです。
2 　同《おな》じ　たんいどうしを　たします。
3 　たんいの　くり上がりに　気を　つけましょう。
①　1L4dL＋9dL＝1L13dL
13dLは　1L3dLですから，答《こた》えは2L3dLと　なります。
4 　同《おな》じ　たんいどうしを　ひきます。
5 　たんいの　くり下がりに　気を　つけましょう。
①　2L1dLは　1L11dLです。
②　5Lは　4L10dLです。

さいしゅうチェック25

1 つぎの　計算《けいさん》を　しましょう。
①2L3dL＋1L6dL＝
②1L8dL＋2L4dL＝
③5L9dL－3L1dL＝
④4L2dL－7dL＝

算数 26 文しょうだい
たし算《ざん》と　ひき算《ざん》(1)
33ページ

1 24＋15
2 25－17
3 しき　28＋7＝35　答《こた》え　35まい
4 しき　32－9＝23　答《こた》え　23わ

5 ①100　②120　③1

④（左から）1，50

ポイント

1 **2** 1cmが　いくつ分《ぶん》で，1mmが　いくつ分《ぶん》かを　きちんと　読《よ》みましょう。

3 ものさしを　直線《ちょくせん》の　左はしに　そろえて　正しく　はかりましょう。

（正しい　はかり方《かた》）

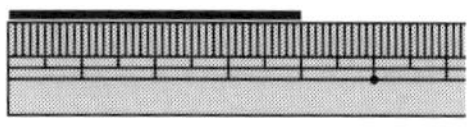

（まちがった　はかり方《かた》）

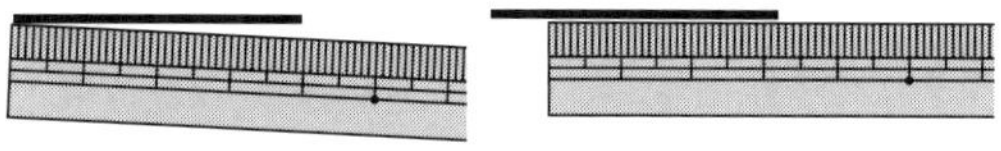

4 1cm＝10mmです。

④　20mm＝2cmで，23mm＝2cm3mm

5 1m＝100cmです。

＼さいしゅうチェック22／

❶ 下の　直線《ちょくせん》の　長《なが》さを　はかりましょう。　（　　　　）

❷ □に　あてはまる　数《かず》を　書《か》きましょう。

①　1cm8mm＝□mm

②　1m35cm＝□cm

算数 23 そくてい 長《なが》さ(3)　36ページ

1 ①＞　②＜

2 ①＜　②＜

3 ①6cm5mm　②1m70cm

4 ①4cm1mm　②2m20cm

5 ①4cm5mm　②22cm

6 ①1cm6mm　②1m60cm

ポイント

・**1** **2** わからない　ときは，たんいを　そろえて　くらべましょう。

1 ①　1cmは　10mmです。

②　2cm5mmは　25mmです。

2 ①　1mは　100cmです。

②　3m10cmは　310cmです。

3 同《おな》じ　たんいどうしを　たします。

4 たんいの　くり上がりに　気を　つけましょう。

①　3cm6mm＋5mm＝3cm11mm

11mmは　1cm1mmですから，答《こた》えは　4cm1mmと　なります。

②　1m80cm＋40cm＝1m120cm

120cmは　1m20cmですから，答《こた》えは　2m20cmと　なります。

5 同《おな》じ　たんいどうしを　ひきます。

①　7cmから　3cmを　ひきます。

6 たんいの　くり下がりに　気を　つけましょう。

①　5cm－3cm4mm

＝4cm10mm－3cm4mm

＝1cm6mm

②　2m10cm－50cm

＝1m110cm－50cm

＝1m60cm

＼さいしゅうチェック23／

❶ つぎの　□に　あてはまる　＞，＜を　書《か》きましょう。

①　1cm6mm□14mm

②　2m45cm□250cm

❷ つぎの　計算《けいさん》を　しましょう。

①　3cm2mm＋4cm5mm

＝

②　2cm7mm＋1cm6mm

＝

③　1m40cm＋60cm＝

④　8cm4mm－5cm＝

⑤　3m50cm－80cm＝

㋑午前《ごぜん》9時《じ》30分《ぷん》〔午前《ごぜん》9時《じ》半《はん》〕

㋒午後《ごご》4時《じ》30分《ぷん》〔午後《ごご》4時《じ》半《はん》〕

❸ ①午前《ごぜん》8時《じ》15分《ふん》

②午後《ごご》1時《じ》52分《ふん》

③午後《ごご》5時《じ》17分《ふん》

ポイント

❶ ①～③　時計《とけい》の　長《なが》い　はりは，1時《じ》間《かん》で　1まわりします。1時間《じかん》＝60分《ぷん》です。

④⑤　時計《とけい》の　みじかい　はりは，12時間《じかん》で　1まわりします。1日＝24時《じ》間《かん》です。

❷ 2つの　数《かず》の　まん中の　目もりは，30分《ぷん》です。

❸ はりを　正しく　読《よ》みましょう。正午《しょうご》（昼《ひる》の　12時《じ》）より　前《まえ》は　午前《ごぜん》，後《あと》は　午後《ごご》を　つけて　答《こた》えます。

さいしゅうチェック20

❶ つぎの　時《じ》こくを，午前《ごぜん》，午後《ごご》を　つけて　書《か》きましょう。

①朝《あさ》

（　　　　　　　）

②夕方《ゆうがた》

（　　　　　　　）

算数 21 そくてい 長《なが》さ(1)　38ページ

❶ ①mm　②m　③cm

❷ (左から)3cm, 5cm, 10cm, 13cm

❸ 7cm

❹ ①5mm　②9mm　③16mm

ポイント

❶ 1mm，1cm，1mは　どのくらいの　長《なが》さかを　つかみましょう。

❷ ものさしで，1cm，2cm，…と　なる　長《なが》さを　おぼえましょう。

❸ テープの　長さは　1cmが　7つ分《ぶん》あるので　7cmです。

❹ 1cmより　みじかい　長《なが》さは　mmで　あらわします。1cmを　10に　分《わ》けた　1つ分《ぶん》の　長《なが》さが　1mmで，ものさしの　小さい　1目もりです。

③　小さい　目もり　16の　長《なが》さで，16mmです。

さいしゅうチェック21

❶ 下の　テープの　長《なが》さは　何《なん》cmですか。（　　　　）

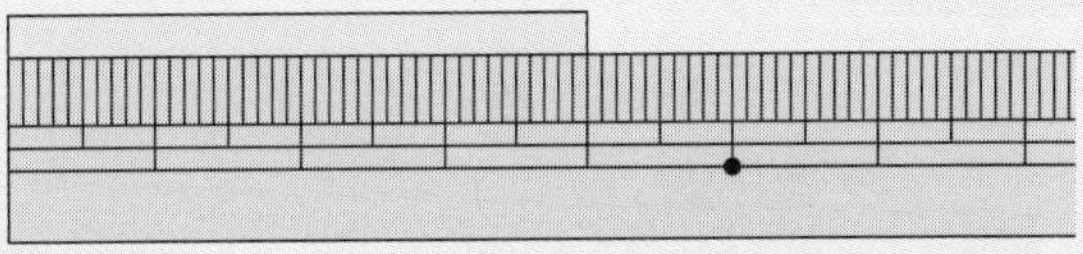

❷ 下の　ものさしの　左はしから↓までの　長《なが》さは　何《なん》mmですか。

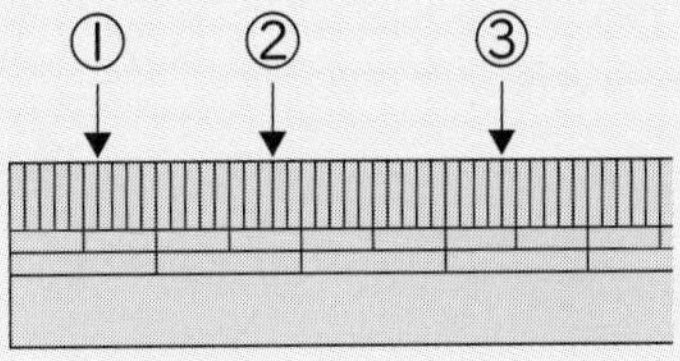

①（　　　　）　②（　　　　）

③（　　　　）

算数 22 そくてい 長《なが》さ(2)　37ページ

❶ (左から)1cm5mm, 5cm2mm, 8cm6mm, 12cm8mm

❷ 5cm8mm

❸ 7cm5mm〔75mm〕

❹ ①10　②15　③1

④（左から）2，3

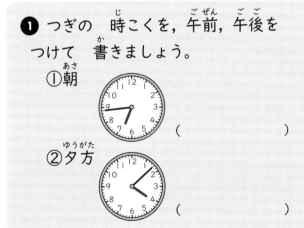

図形《ずけい》

算数 18

三角形《さんかくけい》と　四角形《しかくけい》(3)

41ページ

1 直角三角形《ちょっかくさんかくけい》

2 長方形《ちょうほうけい》…㋒，㋔

正方形《せいほうけい》…㋑，㋗

直角三角形《ちょっかくさんかくけい》…㋐

3 ①

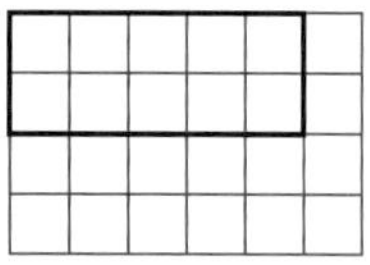

れい

②

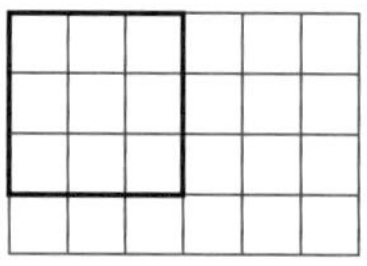

れい

4

	へんの 数《かず》	ちょう点《てん》の 数《かず》	直角《ちょっかく》の 数《かず》
長方形《ちょうほうけい》	4	4	4
正方形《せいほうけい》	4	4	4
直角三角形《ちょっかくさんかくけい》	3	3	1

ポイント

1　同《おな》じ　形《かたち》の　直角三角形《ちょっかくさんかくけい》が　2つ　できます。

2　四角形《しかくけい》の　中で，4つの　かどが　直角《ちょっかく》か　どうか，へんの　長《なが》さが　同《おな》じか　どうか　しらべます。三角形《さんかくけい》は　1つの　かどが　直角《ちょっかく》か　どうか　しらべます。

3　れい と　同《おな》じ　形《かたち》が　かけて　いれば　よいです。

4　長方形《ちょうほうけい》，正方形《せいほうけい》，直角三角形《ちょっかくさんかくけい》の　まとめです。

さいしゅうチェック18

1 下の　図《ず》の　中で，長方形《ちょうほうけい》，正方《せいほう》形《けい》，直角三角形《ちょっかくさんかくけい》を　それぞれ　えらび，きごうで　答《こた》えましょう。

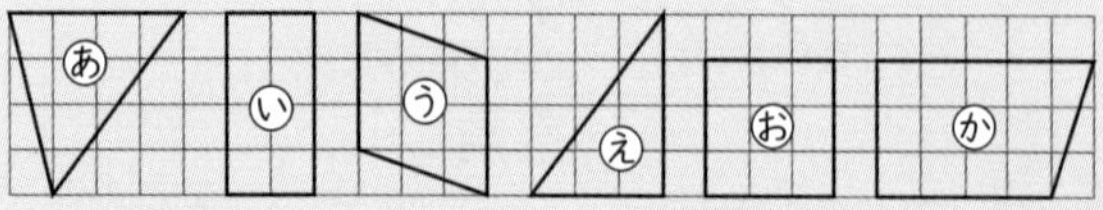

長方形《ちょうほうけい》（　　　　）　正方形《せいほうけい》（　　　　）

直角三角形《ちょっかくさんかくけい》（　　　　）

図形《ずけい》

算数 19

はこの　形《かたち》

40ページ

1 ㋐めん　㋑へん　㋒ちょう点《てん》

2 ①（上から）4本，4本，4本

②8こ

3 めん…6，へん…12，ちょう点《てん》…8

4 ㋐

ポイント

2 ①　ひごは　へんだから，同《おな》じ　長《なが》さの　ひごが　それぞれ　4本ずつ　いります。

②　ねん土玉は　ちょう点《てん》だから，8こ　いります。

3　はこの　形《かたち》には　めんが　6つ，へんが　12，ちょう点《てん》が　8つ　あります。

4　めんの　形《かたち》に　ちゅういしましょう。6つの　めんは　同《おな》じ　正方形《せいほうけい》です。

㋑は　同《おな》じ　形《かたち》の　長方形《ちょうほうけい》の　めんが　2つずつ　3組《くみ》　あります。

さいしゅうチェック19

1 下の　図《ず》のような　はこの　形《かたち》に　ついて，①～③は　それぞれ　いくつ　ありますか。

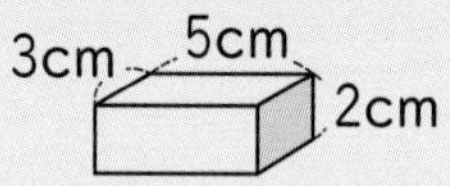

①　たて2cm，よこ3cmの　めん（　　　　）

②　5cmの　へん（　　　　）

③　ちょう点《てん》（　　　　）

そくてい

算数 20

時《じ》こくと　時間《じかん》

39ページ

1 ①1　②60　③60

④（左から）12，12　⑤24

2 ㋐午前《ごぜん》5時《じ》

この　ひょうを，
○を　かいて　右の
グラフに　あらわし
ましょう。

わなげの　せいせき

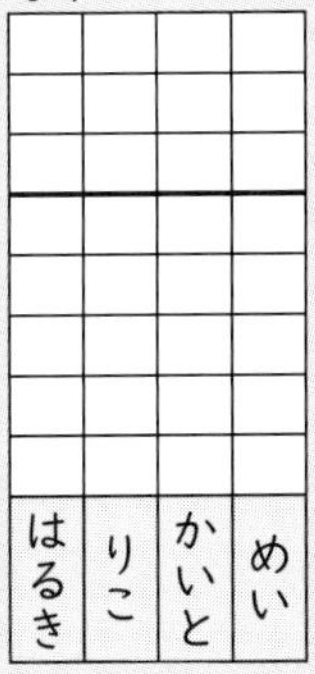

算数 16 図形《ずけい》 三角形《さんかくけい》と　四角形《しかくけい》(1)　43ページ

1 ①三角形《さんかくけい》　②四角形《しかくけい》

2 三角形《さんかくけい》…あ，お

四角形《しかくけい》…い，き，く

3 れい

（三角形《さんかくけい》）　（四角形《しかくけい》）

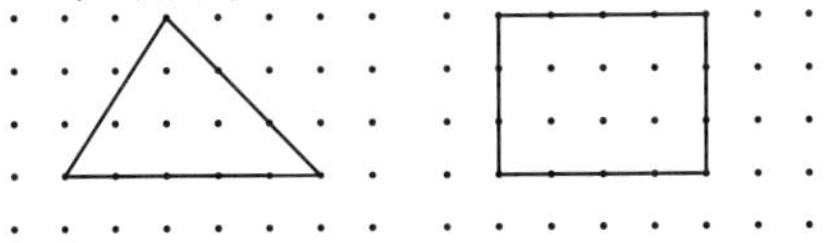

4 三角形《さんかくけい》（と）四角形《しかくけい》

ポイント

1 3本の　直線《ちょくせん》で　かこまれた　形《かたち》を　三角形《さんかくけい》と　いいます。4本の　直線《ちょくせん》で　かこまれた　形《かたち》を　四角形《しかくけい》と　いいます。

2 う，け，こは，直線《ちょくせん》で　ない　線《せん》で　かこまれて　いるので，えは，線《せん》が　はなれて　いるので，三角形《さんかくけい》や　四角《しかく》形《けい》では　ありません。

かは，5本の　直線《ちょくせん》で　かこまれて　いるので，五角形《ごかくけい》と　いいます。

4 右のような　三角《さんかく》形《けい》と　四角形《しかくけい》に　なります。何《なん》本の　直《ちょく》線《せん》で　かこまれて　いるかを　考《かんが》えます。

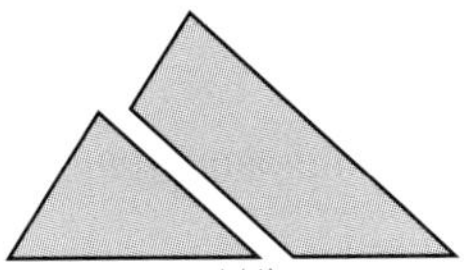

さいしゅうチェック16

❶ つぎの　あ～くから　三角形《さんかくけい》，四《し》角形《かくけい》を　すべて　えらんで，きごうで　答《こた》えましょう。

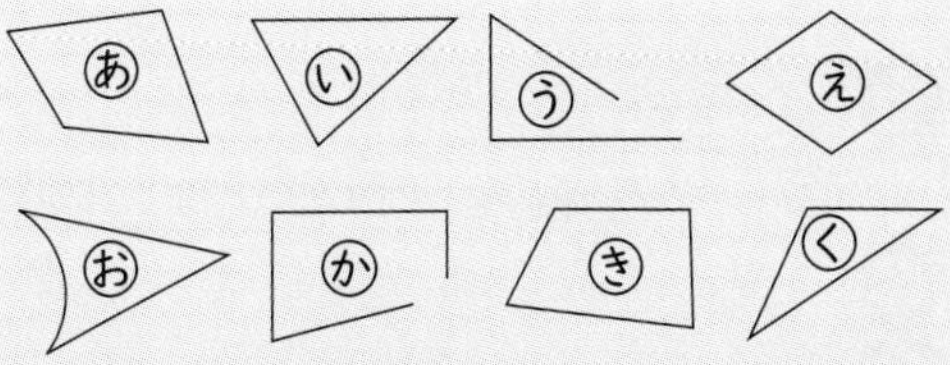

三角形《さんかくけい》（　　　　）
四角形《しかくけい》（　　　　）

算数 17 図形《ずけい》 三角形《さんかくけい》と　四角形《しかくけい》(2)　42ページ

1 ①直角三角形《ちょっかくさんかくけい》　②長方形《ちょうほうけい》

③正方形《せいほうけい》

2 ①4つ　②4つ　③4つ　④2組《くみ》

3 ①4つ　②同《おな》じ

4 ①3つ　②あ

ポイント

1 ①　三角《さんかく》じょうぎの　あや　いのような　かどを　直角《ちょっかく》と　いいます。直角《ちょっかく》の　かどが　ある　三角形《さんかくけい》を　直角三《ちょっかくさん》角形《かくけい》と　いいます。

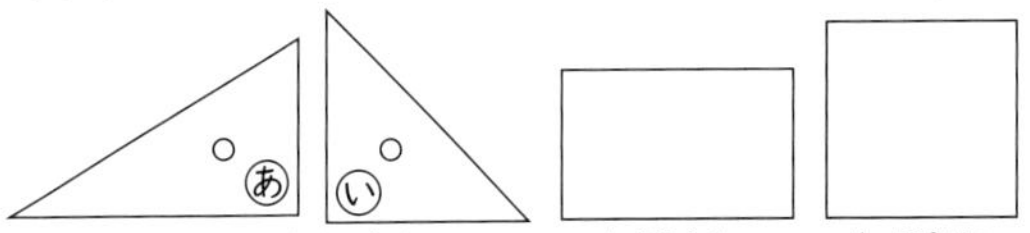

（直角三角形《ちょっかくさんかくけい》）　（長方形《ちょうほうけい》）　（正方形《せいほうけい》）

②③　長方形《ちょうほうけい》と　正方形《せいほうけい》の　ちがいは，4つの　へんの　長《なが》さが　みんな　同《おな》じか　どうかです。

2 3 長方形《ちょうほうけい》も　正方形《せいほうけい》も，へんは　4つ，ちょう点《てん》も　4つ　あり，4つの　かどは　直角《ちょっかく》です。

4 へんが　3つ　なら　三角形《さんかくけい》，へんが　4つ　なら　四角形《しかくけい》です。

さいしゅうチェック17

❶ 下の　形《かたち》は，直角三角形《ちょっかくさんかくけい》です。直《ちょっ》角《かく》に　なって　いる　かどは，あ，い，うの　どれですか。

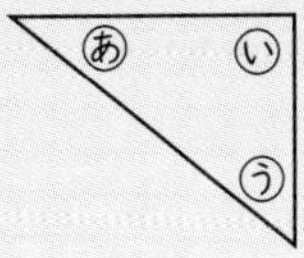

（　　　）

一万《まん》と　いい，10000と　書《か》きます。
②①　数《かず》の線《せん》の　1目もりは　1000です。
②　数《かず》の線《せん》の　1目もりは　100です。
④　千のくらいの　数《かず》から　くらべます。
⑤①　2500は　2000と　500を　あわせた数《かず》です。

さいしゅうチェック13

❶ つぎの　数《かず》を　書《か》きましょう。
① 100を　24　あつめた　数《かず》
（　　　　）
② 8490より　10　大きい　数《かず》
（　　　　）

❷ つぎの □に　あてはまる　>，<を　書《か》きましょう。
① 5000□4960
② 9275□9257

算数 14 数《かず》 分数《ぶんすう》 45ページ

① ㋐$\frac{1}{2}$　㋑$\frac{1}{4}$

② ①
れい 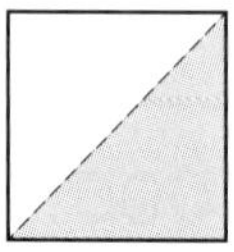
②
れい 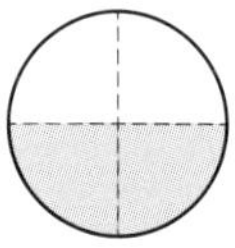
③
れい 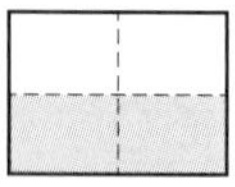

③ ㋐

④ ①$\frac{1}{4}$　②$\frac{1}{2}$　③$\frac{1}{4}$　④$\frac{1}{8}$　⑤$\frac{1}{3}$

ポイント

- ①～④　もとの　長《なが》さや　大きさの半《はん》分《ぶん》は　$\frac{1}{2}$（「二分《にぶん》の一《いち》」と　読《よ》みます），半《はん》分《ぶん》の　半分《はんぶん》は　$\frac{1}{4}$（「四分《よんぶん》の一《いち》」）です。

②　図《ず》の　半分《はんぶん》に　色を　ぬって　いれば　正かいです。

③　㋑は　$\frac{1}{4}$ではありません。㋒は　$\frac{1}{8}$（「八分《はちぶん》の一《いち》」，$\frac{1}{4}$の　半分《はんぶん》）の　大きさです。

④　ぜん体《たい》を　いくつに　分《わ》けて　いるかを　考《かんが》えます。

さいしゅうチェック14

❶ つぎの　図《ず》の □の　ぶぶんは　ぜん体《たい》の　何分《なんぶん》の一《いち》ですか。

① 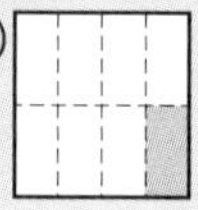
② 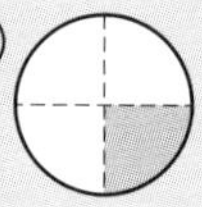
③ 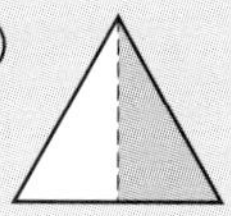

（　　）　（　　）　（　　）

算数 15 データの活用《かつよう》 ひょうと　グラフ 44ページ

① ①そうた
②あかり
③2こ

② 右の　グラフ

いちばん すきな くだものしらべ

		○	
		○	
○		○	
○		○	
○	○	○	
○	○	○	○
○	○	○	○
○	○	○	○
みかん	もも	りんご	いちご

ポイント

①　グラフの　○の　数《かず》で　くらべます。
③　そうたさんの　○は6こ，いつきさんは　4こなので，そうたさんが　2こ　多《おお》いことに　なります。

②　人数《にんずう》を　○を　つかって　かきます。かきおわったら，数《かず》を　たしかめましょう。

さいしゅうチェック15

❶ 下の　ひょうは，わなげの　せいせきを　まとめた　ものです。

わなげの　せいせき

名前《なまえ》	はるき	りこ	かいと	めい
数《かず》（こ）	5	6	4	7

③　10を　10　あつめた　数《かず》は　100，10を　18　あつめた　数《かず》は　180です。
④　200は　10を　20　あつめた　数《かず》，60は　10を　6つ　あつめた　数《かず》なので，260は　10を　26　あつめた　数《かず》です。

(2)　数《かず》の線《せん》の　1目もりは　10を　あらわして　います。

(3)　②　350，349，348と　1ずつ　小さく　なるので，350より　1　小さい　数《かず》は　349です。
④　1000，990，980と　10ずつ　小さく　なります。

(4)　百のくらいの　数《かず》から　くらべます。

さいしゅうチェック11

1　つぎの　数《かず》を　書《か》きましょう。
①　10を　35　あつめた　数《かず》　(　　　　)
②　1000より　1　小さい　数《かず》　(　　　　)

2　つぎの　□に　あてはまる　＞，＜を　書《か》きましょう。
①　401□397　②　849□851

算数 12　数《かず》　10000までの　数《かず》(1)　47ページ

(1)　①1300　②2130

(2)　①(じゅんに)2，7，1，5　②6430

(3)　①五千二百八十　②六千九百

(4)　①8420　②9005

(5)　①3900　②7040

ポイント

(1)　①　100が　3つで　300で，1000と　あわせて　1300です。
②　1000が　2つで　2000，100が　1つで　100，10が　3つで　30ですから，あわせて　2130です。

(2)　①　右のような　しくみに　なって　います。

2	7	1	5
千のくらい	百のくらい	十のくらい	一のくらい

(3)　①　千を　5つ　あつめた　数《かず》は　五千と　書《か》きます。

(4)　①　一のくらいは　0です。
②　百のくらい，十のくらいは　0です。

(5)　①　3000と　900で　3900です。
②　7000と　40で　7040です。

さいしゅうチェック12

1　7306を　かん字で　書《か》きましょう。　(　　　　)

2　つぎの　数《かず》を　数字《すうじ》で　書《か》きましょう。
①　三千七百　(　　　　)
②　八千四十九　(　　　　)

3　1000を　5つと　100を　7つと　1を　8つ　あわせた　数《かず》を　書《か》きましょう。　(　　　　)

算数 13　数《かず》　10000までの　数《かず》(2)　46ページ

(1)　①1500　②10000

(2)　①
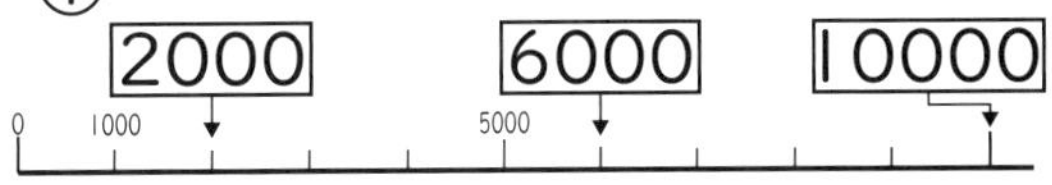

②
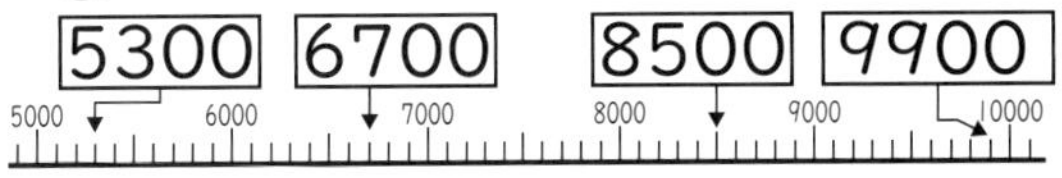

(3)　①3500　②9990

(4)　①＜　②＞

(5)　①500　②(じゅんに)7000，30

ポイント

(1)　①　100を　10　あつめた　数《かず》は　1000，100を　15　あつめた　数《かず》は　1500です。
②　1000を　10　あつめた　数《かず》を

算数 9 計算《けいさん》

かけ算《ざん》(3)　50ページ

1 ①6 ②4

2 ①5 ②9

3 ①4 ②8 ③12

4 ①3 ②5

5 ㋑，㋕

6 ①㋐ ②㋓

ポイント

1 答《こた》えは　かける数《かず》と　同《おな》じです。
2 ①　5×3は，5×2より　5　大きいです。
3 かけられる数《かず》と　かける数《かず》を　入れかえても　答《こた》えは　同《おな》じです。
4 かける数《かず》が　1　ふえると，答《こた》えは　かけられる数《かず》だけ　ふえます。
5 ㋐16，㋑18，㋒16，㋓20，㋔24，㋕18
6 ①24，②36，㋐24，㋑28，㋒35，㋓36

さいしゅうチェック9

❶ □に　あてはまる　数《かず》を　書《か》きましょう。

①　7×6=7×5+□

②　9×4=4×□

❷ 答《こた》えが　16に　なる　九九を　ぜんぶ　書《か》きましょう。

(　　　　　　)

算数 10 数《かず》

1000までの　数《かず》(1)　49ページ

1 ①240 ②315

2 ①(じゅんに)5，2，7 ②384

3 ①六百二十五 ②九百三十

4 ①857 ②1000

5 ①370 ②514

ポイント

1 ①　100が　2つで　200，10が　4つで　40ですから，あわせて　240です。
②　100が　3つで　300，10が　1つで　10，1が　5つで　5ですから，あわせて　315です。
2 ①　527は　右のような　しくみに　なって　います。

5	2	7
百のくらい	十のくらい	一のくらい

3 ①　百を　6つ　あつめた　数《かず》を　六百と　書《か》きます。
②　0は　読《よ》みません。
4 ②　100を　10　あつめた　数《かず》を　千といい，1000と　書《か》きます。
5 ①　300と　70を　あわせて　370です。
②　500と　10と　4で　514です。

さいしゅうチェック10

❶ 506を　かん字で　書《か》きましょう。

(　　　　　　)

❷ つぎの　数《かず》を　数字《すうじ》で　書《か》きましょう。

①　四百八十　(　　　　　　)

②　九百三　(　　　　　　)

❸ 100を　6つと　10を　9つと　1を　3つ　あわせた　数《かず》を　書《か》きましょう。　(　　　　　　)

算数 11 数《かず》

1000までの　数《かず》(2)　48ページ

1 ①400 ②1000 ③180 ④26

2

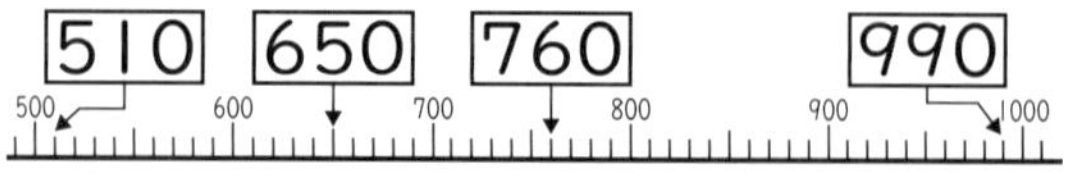

3 ①351 ②349 ③1000 ④990

4 ①> ②< ③< ④=

ポイント

1 ②　100を　10　あつめた　数《かず》は　1000です。

ポイント

❶ ① たし算《ざん》では，たされる数《かず》と　たす数《かず》を　入れかえても，答《こた》えは　同《おな》じに　なります。この　ことは，答《こた》えを　たしかめる　ときに　つかえます。

② ひき算《ざん》では，答《こた》えと　ひく数《かず》を　たすと，ひかれる数《かず》に　なります。この　ことは，ひき算《ざん》の　答《こた》えを　たしかめる　ときに　つかえます。

❷ たし算《ざん》と　ひき算《ざん》の　かんけいは　つぎのように　なります。

13 →（4を　たす）→ 17　　13＋4＝17

17 →（4を　ひく）→ 13　　17－4＝13

①　□＝17－4　　②　□＝32－15

❸❹ たし算《ざん》では，たす　じゅんじょを　入れかえても　答《こた》えは　同《おな》じに　なります。この　きまりを　つかうと　計《けい》算《さん》が　かんたんに　なる　ときが　あります。

さいしゅうチェック6

❶ 計算《けいさん》を　しましょう。

①　38＋(16＋24)＝

②　16＋29＋21＝

③
```
  27
  31
+ 45
```

算数 7　計算《けいさん》　かけ算《ざん》(1)　52ページ

	❶	❷	❸	❹
①	2	10	12	4
②	10	30	27	24
③	16	15	21	12
④	6	45	18	28
⑤	18	35	24	36

ポイント

❶〜❹　2のだん，5のだん，3のだん，4のだんの　九九です。すらすらと　いえるように　して　おきましょう。

さいしゅうチェック7

❶ かけ算《ざん》を　しましょう。

①　2×6＝　　②　5×8＝

③　3×3＝　　④　4×5＝

⑤　5×5＝　　⑥　2×7＝

⑦　4×8＝　　⑧　3×2＝

⑨　2×4＝　　⑩　4×4＝

算数 8　計算《けいさん》　かけ算《ざん》(2)　51ページ

	❶	❷	❸	❹
①	6	28	16	36
②	24	56	48	9
③	48	49	24	63
④	12	14	56	27
⑤	54	42	32	54

ポイント

❶〜❹　6のだん，7のだん，8のだん，9のだんの　九九です。まちがえた　ところは，その　だんの　九九を　もう　いちど　ふくしゅう　しましょう。

さいしゅうチェック8

❶ かけ算《ざん》を　しましょう。

①　6×3＝　　②　7×9＝

③　8×8＝　　④　9×5＝

⑤　7×3＝　　⑥　6×7＝

⑦　9×2＝　　⑧　8×5＝

⑨　6×6＝　　⑩　9×8＝

ポイント

❶ くり下がりに　気を　つけましょう。

❷❸ 百のくらいから　くり下がります。答《こた》えは　2けたに　なります。

❹ 十のくらい，百のくらいから　くり下がる　ひき算《ざん》です。十のくらいは　1くり下がって　いる　ことを　わすれないように　しましょう。

❺ 十のくらいは　9に　なります。

❻❼ 一のくらいは，百のくらいから　十のくらい，一のくらいへと　くり下げて　計算《けいさん》します。

さいしゅうチェック4

❶ 計算《けいさん》を　しましょう。

① 118 − 35　② 132 − 83

③ 105 − 37　④ 102 − 9

算数 5　計算《けいさん》　たし算《ざん》と　ひき算《ざん》(1)　54ページ

❶ ①500　②1300　③670

❷ ①366　②428

❸ ①272　②533

❹ ①690　②772

❺ ①300　②400　③900

❻ ①241　②802

❼ ①316　②662

❽ ①419　②506

ポイント

❶ 100や，10が　いくつ分《ぶん》に　なるかを　考《かんが》えます。

❷ 3けたの　たし算《ざん》です。たす数《かず》が　ない　くらいは　そのままです。

❸❹ 十のくらいに　くり上がった　数《かず》を　わすれないように　しましょう。

❺ 100や，10が　いくつ分《ぶん》に　なるかを　考《かんが》えます。

❻ 一のくらい，十のくらいの　じゅんに　ひきます。百のくらいは　そのままです。

❼❽ くり下がりの　ある　ひき算《ざん》です。くり下がった　数《かず》を　わすれないように　しましょう。

さいしゅうチェック5

❶ 計算《けいさん》を　しましょう。

① 235 + 23　② 318 + 15　③ 29 + 462

④ 284 − 12　⑤ 365 − 9　⑥ 291 − 35

算数 6　計算《けいさん》　たし算《ざん》と　ひき算《ざん》(2)　53ページ

❶ ①〈ひっ算《さん》〉　〈たしかめ〉

$$\begin{array}{r} 23 \\ +\,56 \\ \hline 79 \end{array} \qquad \begin{array}{r} 56 \\ +\,23 \\ \hline 79 \end{array}$$

②〈ひっ算《さん》〉　〈たしかめ〉

$$\begin{array}{r} 78 \\ -\,36 \\ \hline 42 \end{array} \qquad \begin{array}{r} 42 \\ +\,36 \\ \hline 78 \end{array} \quad \left[\begin{array}{r} 36 \\ +\,42 \\ \hline 78 \end{array}\right]$$

❷ ①13　②17

❸ ①25　②2

❹ (じゅんに)①10，28　②6，67

❺ ①77　②128

3 ①135 ②154

4 ①108 ②104

5 ①134 ②115

6 ①150 ②110

7 ①102 ②100

8 ①104 ②102

ポイント

1 2 十のくらいに くり上がった 1を わすれないように しましょう。

3 十のくらいが くり上がり，答《こた》えが3けたに なる たし算《ざん》です。

4 答《こた》えの 十のくらいが 0に なります。

5 一のくらい，十のくらいが くり上がる たし算《ざん》です。くり上がった 数《かず》を わすれないように しましょう。

6 答《こた》えの 一のくらいが 0に なります。

7 8 一のくらいから くり上がった 数《かず》を たすと，十のくらいから 百のくらいに くり上がる たし算《ざん》です。

さいしゅうチェック2

1 計算《けいさん》を しましょう。

① $58 + 3$　② $72 + 45$　③ $55 + 77$

④ $48 + 64$　⑤ $36 + 68$　⑥ $5 + 96$

算数 3 計算《けいさん》 ひき算《ざん》(1)

56ページ

1 ①40 ②50

2 ①70 ②80

3 ①32 ②43

4 ①40 ②30

5 ①6 ②7

6 ①83 ②40

7 ①27 ②55

8 ①7 ②8

ポイント

1 何《なん》十の ひき算《ざん》です。10が いくつ分《ぶん》に なるかを 考《かんが》えます。

2 1と 同《おな》じ 考《かんが》え方《かた》で 計算《けいさん》します。くり下がりに 気を つけましょう。

3 ひき算《ざん》の ひっ算《さん》は，くらいを たてに そろえて 書《か》いて，一のくらいから 計算《けいさん》します。

4 一のくらいは 0に なります。

5 答《こた》えは 1けたに なります。

6 一のくらいだけ ひき算《ざん》を します。十のくらいは そのままです。

7 くり下がりの ある ひき算《ざん》です。くり下がった 数《かず》を わすれないように しましょう。

8 くり下がりの ある ひき算《ざん》で，答《こた》えは 1けたに なります。

さいしゅうチェック3

1 計算《けいさん》を しましょう。

① $59 - 14$　② $47 - 37$　③ $95 - 2$

④ $63 - 16$　⑤ $50 - 23$　⑥ $41 - 36$

算数 4 計算《けいさん》 ひき算《ざん》(2)

55ページ

1 ①27 ②85

2 ①75 ②64

3 ①73 ②10

4 ①45 ②68

5 ①97 ②92

6 ①46 ②8

7 ①95 ②97

←ていねいに　ひっぱって　ください。とりはずせます。

くもんの小学２年生の総復習ドリル

答《こた》えと ポイント

＋

［さいしゅう チェックもんだい］

国語《こくご》・算数《さんすう》

＋

［先どりドリル］

- 国語《こくご》…14～16ページ
- 算数《さんすう》…19～17ページ

❶ **答《こた》えが　合《あ》って　いたら，「できたシール」を　はりましょう。**

答《こた》えが　合《あ》って　いたら，まるを　つけ，もんだいの　ところに　「できたシール」（小さい　シール）を　はりましょう。（シールだけ　はっても　よいです。）

❷ **まちがえたら，ポイントを　読《よ》んで，正しく　直《なお》しましょう。**

ポイントは，もんだいを　とく　ときの　考《かんが》え方《かた》や　ちゅうい点《てん》などです。
まちがえた　ところは，ポイントを　よく　読《よ》んで，もう　いちど　やって　みましょう。正しく直《なお》せたら　「できたシール」を　はりましょう。

❸ **ぜんもん正かいに　なったら，「合《ごう》かくシール」を　はりましょう。**

「できたシール」を　ぜんぶ　はれたら，ページの　上に　「合《ごう》かくシール」（大きい　シール）をはりましょう。ページぜん体《たい》に　大きな　まるを　つけてから，シールを　はっても　よいです。

❹ **算数《さんすう》と　国語《こくご》は，さいしゅうチェックで，さい後《ご》の　おさらいを　しましょう。**

まちがえた　ところや，自《じ》しんの　ない　ところは，さいしゅうチェックの　もんだいを　といて，さい後《ご》の　おさらいを　しましょう。
答《こた》えは　「答《こた》えと　ポイント」の　さいごに　あります。

算数《さんすう》の　ちゅうい点《てん》

- 〔　〕は，ほかの　答《こた》え方《かた》や，しきの　たて方《かた》です。
- □に　あてはまる　答《こた》えは，左から　じゅんに　なって　います。

算数《さんすう》 36～21ページ　この　ページから　はじまります

国語《こくご》 1～12ページ　はんたいがわから　はじまります

しあげテスト
- 算数《さんすう》…20ページ
- 国語《こくご》…13ページ

算数 1　計算《けいさん》　たし算《ざん》(1)　58ページ

❶ ①70　②90

❷ ①110　②130

❸ ①
$$\begin{array}{r} 45 \\ +\ \ 3 \\ \hline 48 \end{array}$$
②
$$\begin{array}{r} 6 \\ +32 \\ \hline 38 \end{array}$$

❹ ①37　②79

❺ ①58　②90

❻ ①37　②48

❼ ①55　②95

ポイント　できなかったら，ここを　読《よ》んで　直《なお》そう！

❶　何《なん》十の　たし算《ざん》です。10が　いくつ分《ぶん》に　なるかを　考《かんが》えます。

❷　くり上がりに　気を　つけましょう。

❸　たし算《ざん》の　ひっ算《さん》は，くらいを　たてに　そろえて　書《か》いて，一のくらいから　計算《けいさん》します。

❹　一のくらいどうし，十のくらいどうしを　たします。

❺②　一のくらいの　0を　わすれないように　しましょう。

❼　十のくらいに　くり上がった　数《かず》を　わすれないように　しましょう。

さいしゅうチェック1　ここで　さい後《ご》の　おさらい！

❶ 計算《けいさん》を　しましょう。

①
$$\begin{array}{r} 15 \\ +23 \\ \hline \end{array}$$
②
$$\begin{array}{r} 38 \\ +24 \\ \hline \end{array}$$
③
$$\begin{array}{r} 53 \\ +19 \\ \hline \end{array}$$

答《こた》えは　21ページ

算数 2　計算《けいさん》　たし算《ざん》(2)　57ページ

❶ ①70　②90

❷ ①33　②70